THE CHIC FACTOR

Come vestirsi bene spendendo poco e avere un guardaroba da favola

Indice

Premessa 6

In principio fu il decluttering 10

Un budget per lo shopping? 18

15 consigli per vestire chic spendendo poco 26

Come curare la sindrome del «non ho niente da mettermi!» . 38

Fare shopping nel guardaroba (con qualche piccola sfida) 50

Quali domande porsi quando si fa shopping 58

Come vendere con successo abiti e accessori che non usiamo più 68

Il fascino discreto della shopping list 78

Classici ma non troppo: i pezzi immancabili del guardaroba . 86

    La camicia bianca 90

    La giacca Chanel 98

    La t-shirt a righe (o marinière) 104

    Il cappotto cammello 110

    Top e vestiti a spalle scoperte 118

    La giacca di pelle 126

    Il vestito nero (o little black dress) 132

    L'abito bianco estivo 140

- Le sneaker 146
- Come fare le valigie per viaggi e vacanze 154
- Fantasie: come abbinarle 164
  - Il leopardato 168
  - Il monogram Louis Vuitton 176
  - Il pitonato 186
  - Le fantasie floreali 192
- Come vestirsi la sera 202
- Come vestirsi per apparire più magre 216
- Come mantenere nel tempo uno stile chic e personale 232
- Conoscete Stylebook? 242
- Per finire: qualche risorsa utile 248
  - Stile, moda e decluttering: i libri migliori 250
  - Tutti i corsi e i manuali di No Time for Style 260
  - ... e un intero arsenale di pratiche guide gratuite 262
  - I miei online shop preferiti 264
- Conclusioni 266
- Copyright 268

Premessa

Q uesto libro è un prodotto naturale del mio blog, <u>No Time For Style</u>, dove raccolgo spunti, idee, consigli e tante ispirazioni per vestire con stile in ogni occasione, in tutta semplicità e senza eccessivi investimenti di tempo o risorse materiali.

Il mio libro e il mio blog sono dedicati alle donne – a tutte le donne ma in particolare a quelle come me, nel pieno della vita, che amano la moda, lo stile e una vita piena di cose belle, ma spesso non hanno molto tempo da dedicare al guardaroba e allo shopping.

Il mio scopo è dimostrare che essere chic non richiede troppe risorse: né di tempo, né tanto meno finanziarie.

Lo stile non è una cosa frivola: è parte di noi, un'espressione della nostra personalità e individualità; non deve per forza richiedere sforzi e fatiche. Per svilupparlo ed esprimerlo al meglio basta poco – a volte solo un pizzico di organizzazione e di ispirazione in più.

Per questo ho pensato di scrivere questo libro, che raccoglie una serie di suggerimenti, idee e spunti utili e divertenti per essere chic ed eleganti nel quotidiano, semplificarsi la vita e divertirsi un po' con il proprio stile e il proprio guardaroba.

I primi capitoli possono essere letti come una sorta di divertente e appagante «terapia» - la stessa a cui mi sono sottoposta io - per dare una svolta al nostro guardaroba e rinnovare il nostro stile, ma anche per fare shopping partendo con il piede giusto.

Seguono quindi suggerimenti e spunti d'ispirazione più mirati, dedicati a molti capi e accessori amati da tutte noi, ma anche soluzioni a domande e problemi che tutte affrontiamo nel definire e rinnovare continuamente il nostro stile.

Mi auguro che questo libro vi piaccia e soprattutto vi diverta e vi ispiri a giocare di più con la vostra immagine, il vostro stile e il vostro guardaroba. Perché la moda è soprattutto questo: una bellissima espressione della nostra personalità!

Cristina Nivini

No Time For Style

Lo stile non è frivolezza: è qualcosa che è parte di noi, un'espressione della nostra personalità e individualità; non deve per forza richiedere sforzi e fatiche. Per svilupparlo ed esprimerlo al meglio basta poco: a volte solo un pizzico di organizzazione e di ispirazione in più.

CAPITOLO UNO

In principio fu il decluttering

Una volta, neanche troppo tempo fa, a ogni nuovo inizio di stagione partivo in missione di shopping e accumulavo nuove cose, cose che spesso assomigliavano in modo sospetto a quelle che già possedevo.

Questa tendenza si accentuava nei momenti di particolare stress: dopo una settimana di super lavoro, magari con i bambini malati e gli operai in casa, sentivo di meritarmi una coccola o qualche piccola gratificazione. E la gratificazione spesso prendeva la forma di un paio di jeans nuovi o di qualche accessorio.

Intendiamoci: non sono mai stata un'accumulatrice seriale e il mio guardaroba, visto da fuori, poteva sembrare simile o addirittura più ristretto di quello di molte donne. Ma dentro di me tutti quelli abiti e accessori allineati fitti, senza spazio per «respirare» generavano ansia e confusione, più che autentico piacere o voglia di vestirmi.

> *Non sono mai stata un'accumulatrice seriale e il mio guardaroba, visto da fuori, poteva sembrare simile o addirittura più ristretto di quello di molte donne. Ma dentro di me tutti quelli abiti e accessori allineati fitti, senza spazio per «respirare» generavano ansia e confusione, più che autentico piacere o voglia di vestirmi.*

Paradossalmente, ogni mattina indossavo più o meno le stesse cose, utilizzando forse il 20% delle cose che possedevo.

Ogni giorno, pur non avendo davvero tempo da perdere, dedicavo minuti preziosi a navigare tra mille siti, a spulciare i nuovi arrivi, alla ricerca di capi e accessori che avrebbero risolto il mio problema, il fatto di non avere niente da mettere pur possedendo un guardaroba pieno di cose bellissime.

Da questo senso di frustrazione e insoddisfazione è nata la mia voglia di trovare una soluzione al problema. Ho iniziato a interessarmi ad argomenti di cui all'epoca, una decina di anni fa, in Italia e in Svizzera quasi nessuno parlava: minimalismo, guardaroba capsula, tecniche di riordino.

Mi sono iscritta qualche gruppo anglosassone interessante, ho letto libri e articoli.

Alcune idee erano decisamente troppo estreme per i miei gusti (vestirsi con dieci capi per un'intera stagione? Indossare lo stesso abito per 365 giorni all'anno? Disfarsi del 90% del proprio guardaroba seduta stante, perché non sprizza gioia? Anche no, grazie. Sono pur sempre un'appassionata di moda!)

È stato così che ho scoperto il *decluttering* o, più banalmente, il riordino (più o meno selvaggio) del guardaroba: quello che alcuni chiamano semplicemente «cambio di stagione» e che con il tempo per me è diventato quasi una forma di meditazione zen, seppure frivola.

Da questo senso di frustrazione e insoddisfazione è nata la mia voglia di trovare una soluzione al problema. Ho iniziato a interessarmi ad argomenti di cui all'epoca, una decina di anni fa, in Italia e in Svizzera quasi nessuno parlava: minimalismo, guardaroba capsula, tecniche di riordino.

Per me, riordinare il guardaroba, o *declutterare* come si dice adesso, ha davvero molteplici e quasi magiche virtù:

- ✓ **Calma i nervi**, per quella sua capacità di regalarci la deliziosa sensazione di avere tutto sotto controllo, fosse anche soltanto il contenuto del cassetto della biancheria.

- ✓ **Trasforma il guardaroba esteticamente**, rendendolo più spazioso e arioso e valorizzando anche esteticamente i nostri capi e accessori più belli. Come in una fantastica boutique, fatta solo di cose che amiamo, ci stanno benissimo e soddisfano ogni nostra esigenza!
- ✓ **Aiuta a riflettere sui nuovi acquisti**, rendendo evidenti le lacune, facendoci scoprire (sigh) tesori dimenticati e magari ancora etichettati e aiutandoci a riflettere sugli acquisti più mirati per la nuova stagione.

Più di una volta il decluttering ha magicamente **liberato risorse** sufficienti all'acquisto di una nuova borsa dei desideri – il mio oggetto feticcio, la mia debolezza di sempre.

Credo di aver letto lo scibile umano in tema di decluttering, gestione del guardaroba, capsule collection, guardaroba minimal, capi *must-have* e via dicendo. Sono letture senz'altro motivanti e interessanti.

Vi consiglio di comprare almeno un libro o due, per partire con il piede giusto. Ne trovate un elenco alla fine di questo libro.

In ogni caso, per un riordino efficace del guardaroba si procede sempre allo stesso modo:

1. **Svuotate il vostro guardaroba e buttate selvaggiamente tutto il suo contenuto sul letto, creando una pila alta uno o più metri.**

Questa è la versione purista, quanto meno, che offre l'indubbio vantaggio di motivare a finire in fretta, perché altrimenti non sarà più possibile tornare a letto. In alternativa è possibile anche procedere per categorie, ad esempio tutte le maglie, poi i jeans ecc. Questo metodo è l'ideale per chi come me non ha mai tempo e viene costantemente interrotto).

2. **Dividete il contenuto in tre pile distinte.**

Prima pila: cose che amiamo e che sprizzano gioia infinita, come direbbe Marie Kondo;

Seconda pila: oggetti su cui siamo in dubbio;

Terza pila: cose da scartare (che possono essere vendute o regalate).

Fra queste ultime ci sono senz'altro le cose che non ci stanno bene, che ci fanno sentire sciatte o grasse, in colori improponibili, che non si abbinano a nient'altro ecc.

Gli oggetti in forse, invece, possono essere temporaneamente depositati in un «limbo», ad esempio un armadio situato in un'altra stanza. Lontano dagli occhi...

3. **Reinserite il contenuto della pila numero uno (quella degli oggetti che amate e senza i quali non potete vivere) nel guardaroba, preferibilmente in ordine di tipologia e colore.**

Questa fase, almeno nel mio caso, non porta quasi mai ai risultati sognati (frutto di visioni di armadi zen contenenti solo otto capi perfetti in tenui colori neutri, con tanto spazio in mezzo), ma regala comunque grande soddisfazione.

A questo punto avrete ridimensionato le proporzioni del vostro guardaroba, che idealmente dovrebbe contenere solo cose che amate, che vi stanno bene qui e ora e che potreste indossare seduta stante.

È un ottimo punto di partenza, credetemi. Il decluttering è un procedimento così efficace che spesso basta da solo a innescare una dinamica quasi magica che porta a uno stile più chic e soddisfacente, meno caos mentale e acquisti più gratificanti.

Per un approfondimento sul tema, recentemente è stato pubblicato "**Decluttering per chi ama la moda**", pratico e completo manuale digitale dedicato al riordino del guardaroba. **Lo trovate sul blog alla sezione prodotti.**

CAPITOLO DUE

Un budget per lo shopping?

Da economista ho sempre amato i numeri e non ho mai avuto particolari tabù a parlare di $$$ (tema secondo me ingiustamente considerato *off limits*, anche perché parlarne non ha niente a che vedere con il vantarsi o l'ostentare e può evitare invece molti problemi).

Purtroppo, la nostra mentalità latina aborre generalmente l'argomento soldi – a favore invece della «bella figura» a tutti i costi (è proprio il caso di dirlo!): non è un caso infatti che su Internet si trovino centinaia di articoli e post su questi temi, ma nessuno di questi in italiano!

Eppure, vestirsi bene con poco investendo al meglio nel proprio guardaroba senza rovinarsi economicamente è assolutamente possibile!

Evitare di sperperare è facile, possibile e persino divertente: bastano un po' di controllo (sulle proprie finanze) e soprattutto di autocontrollo (sui propri impulsi... e questa è la parte difficile, a volte!).

Tornando all'argomento «come fare un budget per l'abbigliamento», la prima domanda a cui rispondere è: quanto conviene spendere per il proprio abbigliamento?

Secondo gli esperti, l'ottimo è spendere per il proprio guardaroba dal 5 al 7 per cento del proprio reddito netto.

Semplificando, con un reddito netto di 2'000 euro il budget mensile dovrebbe andare da 100 a un massimo 140 euro al mese.

Ci sono due possibilità per fare un budget: il primo è mese per mese (ideale se ci piace proprio fare shopping e preferiamo fare piccoli acquisti ogni pochi giorni), ma quello probabilmente più sensato è stagionale:

Per una stagione (tre mesi), il nostro budget ipotetico spazia dunque dai 300 ai 520 euro.

Il metodo stagionale offre maggiore flessibilità, perché possiamo decidere di spendere di più per un acquisto importante e necessario (una borsa, un cappotto) e meno nel periodo successivo, per esempio.

Lo so, lo so: mi sembra già di sentire un coro di proteste e «dipende!!»

Io invece penso che avere in testa una cifra teorica, un limite ideale sia una cosa molto utile, pur con tutti i «dipende» e le eccezioni del caso.

Una volta stabilito un budget di massima, ci sono però altre cose importanti da fare:

FATE L'INVENTARIO

Questo è un primo passo importantissimo, perché solo così possiamo capire cosa abbiamo già e cosa invece ci manca e potrebbe dare davvero una svolta al nostro stile.

La scorsa primavera ho scritto questo post sull'argomento, in cui tre mie amiche condividevano questo processo. <u>Leggetelo, vi accorgerete che non è solo utile ma anche divertente valutare il contenuto dei vostri armadi!</u>

A questo punto saprete cosa avete già (= soldi risparmiati da destinare ad altri e più interessanti acquisti) e soprattutto cosa vi serve!

Inoltre, nello stesso passaggio potete fare anche un po' d'ordine, eliminando quello che non usate più.

E questo ci porta alla fase 2 del nostro piano d'attacco:

VENDETE QUELLO CHE NON VOLETE PIÙ

Magari non tutte le cose scartate potranno essere **vendute**, ma sicuramente ci sono cose che hanno ancora un loro mercato.

Perché non venderle, destinando il ricavato al vostro budget per la stagione, che diventerà così più ricco?

PIANIFICATE LE OCCASIONI

Prima di fare shopping, stabilite se vi attendono occasioni particolari, come matrimoni, cerimonie, serate eleganti. Certo, alcuni eventi non si possono prevedere prima, ma altri sono più o meno ricorrenti, come ad esempio la cena della Vigilia o la festa aziendale di fine anno.

Una volta in chiaro sui vostri impegni, tenetene conto nel fare shopping, puntando su capi versatili che magari vi coprano più di un'occasione, per evitare di diluire inutilmente il vostro budget.

FATE QUALCHE INVESTIMENTO

Anche qui, so che ci sono molte persone che a una borsa bella e di qualità ne preferiscono dieci in finta pelle e di bassa qualità «perché mi piace cambiare».

> *Capisco che la filosofia del «more is more» sia altrettanto legittima del «less is more» e abbia tante seguaci, ma dal punto di vista del budget si tratta spesso di un errore: con il tempo, infatti, un guardaroba enorme ma senza capi o accessori di qualità e/o di pregio mostrerà inevitabilmente le sue lacune.*

Un altro aspetto da considerare è che spesso le cose low cost hanno una durata molto più breve, obbligandovi così a sostituirle più spesso. Anche questo eroderà il vostro budget, perché sarete costrette a usarne una parte per rimpiazzare le cose usurate, invece che per comprare qualcosa di nuovo e attuale.

USATE GLI SCONTI

Là fuori, su Internet e non solo, c'è tutto un mondo fatto di sconti, offerte, svendite e outlet. Farsene influenzare per comprare cose superflue è un errore, ma sfruttarli a proprio vantaggio per spendere meno per quello che vogliamo e ci serve davvero è un must!

Per risparmiare facendo shopping online, vi rimando a questo post sul mio blog, sempre attuale.

Per quanto riguarda invece lo shopping dal vivo, beh, qui le esperte siete voi: ognuna conosce sicuramente i saldi migliori della propria città, i mercatini che vendono cose di marca e firmate, le svendite di campionario semi segrete...

Io, prima di comprare qualsiasi cosa, un giro online a caccia di sconti me lo faccio sempre. È incredibile come siti come Ebates, Codicesconto e simili offrano spessissimo codici sconto anche consistenti per moltissimi online shop! Basta fare una ricerca in Google con «[nome del negozio] + codice sconto» e quasi sempre sarà possibile trovare al volo qualche piccolo sconto.

Infine, qualche libro utile per approfondire il tema «fare shopping risparmiando»:

The Style Strategy, Nina Garcia

Smart Shopping, Valérie Halfon

Choosing the simply luxurious life, Shannon Ables

Financially Chic, Fiona Ferris

CAPITOLO TRE

15 consigli per vestire chic spendendo poco

Gli americani parlano di vestire costoso, *dress expensive*, mentre al di qua dell'oceano quello che molte donne desiderano è **vestirsi bene con poco**. Il concetto, però, è un po' sempre lo stesso: come essere eleganti e chic e, perché no, avere un look di classe e persino lussuoso senza dilapidare le nostre sostanze?

Il dilemma può sembrare apparentemente futile e non interessare affatto, il che naturalmente è più che legittimo; ma la verità è che nella nostra società, ossessionata dall'immagine, ci sono molte situazioni che proprio futili non sono (sul lavoro per esempio) in cui apparire chic ed eleganti può offrire vantaggi concreti.

A questo aggiungo la mia convinzione personale che, senza esagerare (perché le esagerazioni non sono mai eleganti), apparire curate ed eleganti sia un segno prima di tutto di rispetto verso sé stesse e poi anche verso gli altri.

Ma a prescindere da qualsiasi considerazione e punto di vista sull'argomento (mi piacerebbe comunque sentire le vostre idee in proposito!), ecco 10 utili consigli per chi vuole essere comunque chic e avere un look di classe, indipendentemente dal proprio stile:

1 – PER AVERE UN LOOK «COSTOSO» NON È NECESSARIO COMPRARE COSE COSTOSE

Pur essendo arrivata a un'età in cui mi posso permettere qualche oggetto di lusso se lo desidero, sono fermamente convinta di una cosa: i soldi non fanno lo stile. Di esempi è pieno il mondo, basta guardarsi in giro.

Quello che conta è saper scegliere, avere occhio, conoscersi molto bene: e in questo può risultare utile anche una consulenza d'immagine che comprenda aspetti come l'armocromia, lo studio della propria forma fisica ecc. Se vi interessa ottimizzare la vostra immagine, potete sicuramente informarvi e trovare una brava consulente che vi aiuterà a perfezionare alcuni aspetti del vostro stile.

Insomma, più che di spendere soldi si tratta di spendere meglio il proprio tempo, affinando il proprio stile personale, studiando le tendenze e come valorizzarci anche con un budget «slim fit».

2 – TUTTO SU MISURA

Il fitting, la vestibilità, è forse l'elemento (più ancora della qualità dei tessuti e dei materiali e delle rifiniture di un capo) più importante per avere un'immagine sofisticata.

Se un capo ci veste perfettamente, infatti, sembrerà automaticamente molto più lussuoso.

Per questo, conviene concentrarsi sui brand che ci vestono meglio (io escludo in partenza quelli che hanno una vestibilità poco adatta a me, per esempio) e, soprattutto, coltivare buoni rapporti con una brava sarta!

3 – BASIC ED EVERGREEN SONO LA SPINA DORSALE DI OGNI GUARDAROBA

Capisco perfettamente, perché ne sono vittima anch'io, il fascino per nulla discreto esercitato dai nuovi arrivi nei negozi, dalle tendenze del momento e dagli sfizi.

Ciononostante, è davvero importante fare qualche riflessione su come spendere al meglio il proprio budget e puntare prima a costruirsi la «spina dorsale» del proprio guardaroba: questa può variare a seconda del proprio stile, naturalmente, ma è facile che includa cose come un paio di jeans perfetti, 2-3 t-shirt di qualità in colori base, una calda maglia di lana o cashmere in una tonalità neutra, un cappotto di qualità, una bella borsa ecc.

Partendo da lì sarà facile costruirsi un bel guardaroba e abbinarci tutte le cose più trendy e sfiziose che andremo ad aggiungere. E a ogni inizio stagione, questi capi creeranno un punto di partenza di qualità per abbinamenti sempre nuovi e attuali.

4 – INVESTI NEI CAPI CHE USI DI PIÙ E NEGLI ACCESSORI, RISPARMIA SUI TREND

Seguo questa regola praticamente da sempre: nel guardaroba ho cose di buona/ottima qualità che uso stagione dopo stagione (come il mio cappotto Fay di lana pesante blu, molte delle mie borse, gli stivaletti neri di Prada che resistono a tutto...) e altre cose più trendy e alla moda: e per queste ultime ben vengano anche le catene come Zara, Stradivarius, Mango ecc.

Anche per i capi che usiamo più spesso (nel mio caso, ad esempio, cappotti, jeans, maglie di cashmere e stivaletti per l'autunno/inverno) trovo si possa investire in un'eccellente qualità (controllare sempre le indicazioni sulla composizione) anche online (vedi punto 8).

5 – PUNTA SULLA TINTA UNITA

I capi tinta unita sono quelli più versatili, che si utilizzano di più e che molto più difficilmente passeranno di moda. Ecco perché la scelta della tinta unita al posto di tessuti con stampe e applicazioni è sempre vincente per creare un guardaroba a prova di tempo e di carta di credito.

Tra l'altro, questo consiglio potrà non piacere agli amanti di fantasie selvagge e decorazioni, ma anche loro beneficeranno moltissimo della possibilità di valorizzare e contornare i loro capi più ricchi di dettagli con capi tinta unita, facendoli risaltare ancora di più.

6 – BORSE E SCARPE, MEGLIO IN PELLE

A meno che non si tratti di una scelta etica di fondo, assolutamente legittima, per borse e scarpe è sempre meglio evitare gli eco-materiali (finta pelle, finto camoscio ecc.) che spesso rendono *cheap* l'aspetto di questi accessori, e optare invece per materiali più belli qualitativamente e duraturi.

Scarpe e borse sono tra le poche cose su cui è meglio non risparmiare a scapito della qualità (e ci sono molti modi per farlo, dagli outlet alle svendite di fine stagione a negozi online come *yoox*).

7 – SÌ AL VINTAGE PER ALCUNE COSE

Soprattutto per le borse, può valere davvero la pena spulciare negozi vintage, sia online che fisici, alla ricerca della borsa dei nostri sogni. Personalmente ho fatto ottimi affari su Vestiaire Collective (raccomandato addirittura da Vogue) e nell'italianissimo gruppo Facebook Pinkcorner.

8 – SFRUTTA TUTTI I CANALI DI VENDITA DISPONIBILI

Di questi tempi, l'idea che per risparmiare o vestirsi con un budget limitato occorra inevitabilmente fare compromessi in termini di qualità è davvero superata.

I modi per risparmiare pur acquistando cose di alta qualità, infatti, esistono e sono molteplici: dagli outlet e dalle svendite di campionario sotto casa ai saldi delle nostre boutique preferite, fino ad arrivare agli interessantissimi canali online: io per esempio trovo che Diffusione Tessile abbia sempre un ottimo rapporto qualità-prezzo, dato che offre capi "smarchiati" del gruppo Max Mara ed è possibile trovarvi, per esempio, cappotti in lana e cashmere assolutamente attuali a meno di 150 euro.

Anche dare un'occhiata alle catene e ai grandi online store conviene sempre: alcuni, come Asos, tengono infatti marchi di buona qualità a prezzi ottimi, oltre a offrire spesso sconti e promozioni. Il reso gratuito ormai offerto un po' ovunque è un altro strumento importantissimo per fare scelte di stile intelligenti e risparmiare ulteriormente, evitando acquisti incauti.

Anche la sezione Saldi o Outlet di alcune boutique online di lusso offre spesso forti sconti sui grandi classici del guardaroba: è il caso di Giglio.com, un'istituzione nel settore che spedisce in tutto il mondo.

9 – FAI ORDINE NEGLI ARMADI

Come ormai avrete capito, sono una grande sostenitrice dello *shop your closet*, la pratica del valorizzare e utilizzare quello che già abbiamo, combinandolo in modi nuovi.

Non solo rappresenta una forma di meditazione modaiola che libera la nostra creatività, ma ritrovare cose che pensavamo di dover comprare e invece già possediamo libera risorse da investire magari in un capo o un accessorio davvero speciale, capace di elevare l'intero guardaroba.

Se l'idea vi piace, non avete che da sfogliare il mio blog e cliccare sui link qui sopra: troverete moltissimi spunti, perché è uno dei miei temi preferiti!

10 – NON ESAGERARE CON LE DECORAZIONI

A seconda del proprio stile personale, anche questo consiglio potrà non piacere a tutte. Per qualcuno, lusso è sinonimo di riccamente addobbato, di «sopra le righe», ma resta il fatto che la vera eleganza è quasi sempre caratterizzata da due elementi distintivi: semplicità e sobrietà.

Che il maglioncino sia costato 200 euro oppure 30, infatti, un look composto da pezzi semplici con accessori *minimal* risulterà sempre più lussuoso di un outfit realizzato con pezzi stracarichi di dettagli e decorazioni.

Seguendo questa regola è la donna a spiccare nella sua elegante semplicità, invece degli "addobbi" che rischieranno di sopraffarla.

11 – PROVA I LOOK MONOCROMATICI

Anche questo è un consiglio che potrà non piacere a tutte. Quante volte chi si veste sempre di nero si sarà sentito ripetere «che tristezza, sempre in nero!». A me che amo le tinte neutre, una volta è stato detto di osare di più (traduzione: indossare capi pazzi e fantasie multicolori, preferibilmente tutte insieme a giudicare dall'autrice dell'affermazione!), come se chi indossa le tinte neutre lo facesse per mancanza di coraggio.

Senza nulla togliere ai colori, infatti, le tinte neutre, specie se abbinate in un look monocromatico, hanno l'immediato potere magico di rendere chic, elegante, snello e slanciato chi le indossa.

Altri vantaggi dei neutri: si abbinano perfettamente ai colori anche vivaci e alle fantasie, valorizzandoli; non passano mai di moda; sono chic per definizione, sia in versione monocromatica che abbinati tra loro; valorizzano i tratti del viso e un bel fisico.

12 – LA SEMPLICITÀ È CLASSE

Vedi i punti 5, 10 e 11.

13 - ACCOSTA TESSUTI DIVERSI

Questo consiglio rientra sicuramente nel concetto di Lusso 2.0, perché va a sovrapporsi ad altri suggerimenti più basilari che trovate sopra.

Personal stylist, attrici, modelle e redattrici di moda ne fanno ampio uso: l'abbinamento di capi in *texture* e materiali diversi, preferibilmente tono su tono o in sfumature di colori simili (e, guarda caso, spesso neutre), eleva immediatamente tutto il look.

Ben vengano allora colli e altri dettagli di eco pelliccia sulle maglie di cashmere e i cappotti in tinta, o borse sfrangiate in pelle sulla giacca in tessuto liscio dello stesso colore o, ancora, gonne, abitini o maglie con bordi di piume, per esempio. O, per l'estate, tessuti impalpabili e trasparenti abbinati ad altri più consistenti o capi incrostati di paillettes abbinati al lino o ad altri tessuti grezzi. Rendono il look immediatamente più interessante e sofisticato.

14 - MAI SENZA UN BLAZER (O, D'INVERNO, UN BEL CAPPOTTO)

Ai blazer ho dedicato un intero post sul mio blog per sfatare il mito di capo rigido, senza fantasia e leggermente superato.

15 – PROVA LA REGOLA DEL 3

La regola del 3 è un trucco dalle consulenti d'immagine, ma è anche un principio che forse alcune di noi seguono già intuitivamente.

Essenzialmente, questa regola suggerisce che, perché un look sia davvero completo, occorre aggiungervi un terzo pezzo. Può trattarsi di un accessorio particolare, cine una bella borsa, di un gioiello un po' vistoso o di una bella sciarpa, ma anche di un capospalla strutturato o un paio di sandali da urlo.

È anche una bella idea per sperimentare con quello che già possedete: a volte basta aggiungere un terzo elemento per ottenere un effetto magico e, soprattutto, chic.

Per approfondire l'argomento e trovare molti altri spunti, ecco due libri che ho trovato interessanti:

How to Look Expensive: A Beauty Editor's Secrets to Getting Gorgeous Without Breaking the Bank (in inglese)

La parigina. Guida allo chic.

CAPITOLO QUATTRO

Come curarsi dalla sindrome del «non ho niente da mettermi!»

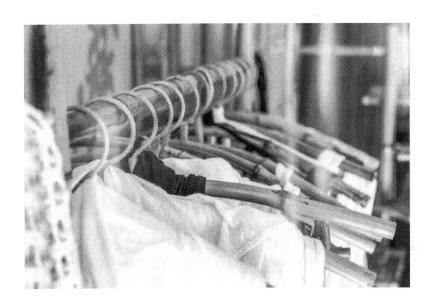

Sicuramente capita a tante, almeno ogni tanto, di fissare sconsolate un guardaroba stracolmo e di non avere la più pallida idea di cosa indossare, per poi rassegnarsi a indossare sempre un po' le stesse cose.

Spesso questa sensazione genera un'immediata voglia di shopping (credetemi, ci sono passata e pure tante volte!) per colmare questo vuoto. Ma solo molto di rado andare per negozi o riempire il carrello del nostro online shop preferito e premere Invia rappresenta davvero la soluzione al problema.

Anzi, spesso i nuovi pezzi acquistati rischiano di generare ancora più confusione e di rimanere inutilizzati, con i cartellini attaccati, per molte settimane o addirittura per sempre.

Le cause della nostra insoddisfazione legata al guardaroba e della sensazione di non avere niente di carino da indossare possono essere diverse, ma solo raramente hanno qualcosa a che vedere con lo shopping.

Negli ultimi anni, stanca di ritrovarmi annoiata dal mio stesso guardaroba stracolmo, ho cercato di andare un po' più a fondo del problema e ho identificato alcune cause.

1 - TEMPO

Il tempo, si sa, è un gran tiranno per molte di noi e spesso è proprio la sua mancanza cronica a spingerci a indossare sempre e immancabilmente le stesse cose – generalmente, le prime che ci capitano a tiro al mattino, o anche semplicemente quelle che abbiamo appoggiato sulla sedia la sera prima.

Dedicare anche soltanto un minimo di tempo – 5 o 10 minuti possono bastare – a identificare qualche nuovo look che potremmo creare con quello che abbiamo già può dare grandi risultati.

Per farlo, esistono vari aiuti: blog, video Youtube, Instagrammer che propongono uno stile simile al nostro, per esempio. Un aiuto a cui ricorro ogni tanto è Pinterest: scelgo un capo o un accessorio che vorrei sfruttare di più e digito nel campo di ricerca, ad esempio, "red bag" + **style** (l'aggiunta della parola «style» permette di visualizzare immagini dell'oggetto indossato in un outfit).

Di solito, il risultato è rappresentato da un'infinità di possibili abbinamenti realizzati appunto con l'oggetto che abbiamo in mente, tra cui poi è possibile selezionare quelli che più ci piacciono e che possiamo realizzare con quello che già possediamo. A volte la mia versione finale sarà molto diversa dall'immagine da cui ho preso spunto, ma Pinterest mi avrà comunque offerto un valido punto di partenza.

2 - FARE SHOPPING SENZA PENSARE AGLI ABBINAMENTI

Magari ci lasciamo tentare *dal capo del momento*, da un accessorio in un colore insolito, dalla giacchina di finta pelliccia *oversized* vista addosso a una ragazza che passava per strada e ci ritroviamo a comprare cose che alla fine non si abbinano con niente. Per usarle, dovremmo acquistare altri capi e accessori, generando così una girandola di ulteriore shopping che non porta assolutamente a niente.

3 – MANCANZA MOMENTANEA DI ISPIRAZIONE

Chiunque abbia più di 15 cose appese nell'armadio ha qualcosa da indossare, credetemi. Il problema è che spesso non siamo ispirate, la vita prende il sopravvento e non abbiamo proprio voglia di pensare anche a nuovi look creativi.

I rimedi sono molteplici: oltre a quelli già citati al punto 1 (tempo), è possibile creare moodboard (ossia bacheche cartacee o virtuali con foto di look, accostamenti di colori, addirittura paesaggi e ambienti che ci ispirano.

Da cosa nasce cosa e le idee non tarderanno ad affiorare.

Un altro trucchetto a cui ricorro ogni tanto è quello di lanciarmi delle piccole sfide stilistiche che mi ispirano a sperimentare nuovi look (vedi il capitolo dedicato più avanti).

4 – COMPRARE SEMPRE LE STESSE COSE

Questo è un errore che ho commesso molte volte in passato e che ogni tanto rischio di commettere ancora (vogliamo parlare delle circa 44 bluse che possiedo? O del fatto che qualche anno fa (ora va meglio) avevo raggiunto un numero vertiginoso di skinny jeans tutti molto simili?).

Chiaramente ci sono capi, silhouette e «divise» che ci donano più di altri e che ci fanno sentire a nostro agio e replicarle usando capi diversi non è del tutto sbagliato, ma perseverare può risultare davvero diabolico e anche controproducente per il nostro stile personale.

A volte è bene uscire un po' dal seminato o darsi un limite, imporsi un *embargo* temporaneo per una determinata tipologia di capi.

Io per esempio ho deciso che per un po' non comprerò davvero più bluse, mentre il mio numero di abitini invernali potrebbe decisamente aumentare ancora un po'.

5 – CONSERVARE COSE TROPPO PICCOLE O TROPPO GRANDI, TROPPO LARGHE O TROPPO STRETTE O CHE, COMUNQUE, NON CI FANNO SENTIRE BELLE

Anche se ci piacerebbe credere che il fisico e il nostro aspetto non cambino nel tempo, purtroppo non è così e questo vale anche per chi riesce a mantenere stabile il proprio peso negli anni o addirittura a dimagrire. Inoltre, anche se certe cose non sono ancora proprio passate di moda o sono considerate dei classici, i nostri gusti e le linee dei capi evolvono comunque un po' nel tempo. Un blazer degli anni 80 non sarà paragonabile a un blazer «stile anni 80», anche se tornato in auge.

Per questo, prima di decidere che non si ha nulla da mettere e occorre fare un po' di shopping selvaggio può essere utile sfoltire e declutterare (vedi capitolo 1) ed eliminare dal guardaroba alcune cose:

- ✓ **tutto quello che ci sta piccolo, grande, largo o stretto;**
- ✓ tutto quello che sotto sotto non ci è mai piaciuto;
- ✓ tutto quello che non ci valorizza;
- ✓ tutto quello che non sottolinea i nostri punti forti;
- ✓ tutto quello che, per colore o fantasia, ci fa sentire "spente";

✓ **tutto quello che andrebbe portato dalla sarta prima di poter essere indossato.**

Il vostro guardaroba si è dimezzato? Tanto meglio! Quello che resta è fatto unicamente di cose che ci fanno sentire bellissime e al top. E al mattino non dovremo più perdere tempo a selezionare quello che possiamo effettivamente indossare.

I miei abiti e le mie poche gonne dopo l'ultimo round di decluttering

6 – TROPPA SCELTA

È proprio vero: *less is more*! Se avete troppe opzioni, vi sentirete sopraffatte e non sarete in grado di notare interessanti formule di abbigliamento o abbinamento *cool*. Senza arrivare a misure drastiche (a meno che non ve ne sentiate ispirate) come i guardaroba capsula composti da 33 capi, riducete il contenuto del vostro guardaroba ai soli capi e accessori che siete davvero felici di indossare, che «sprizzano gioia», per dirla alla Marie Kondo.

Io me ne sono accorta dopo il mio processo di decluttering, ma anche ogni volta che, per viaggiare leggera, ho portato con me solo poche cose: riducendo il numero di abiti e accessori è come se all'improvviso scoprissi molte nuove combinazioni a cui prima, con un guardaroba stracolmo, non avevo neppure pensato.

7 FARE SHOPPING PER UNA VITA IMMAGINARIA

Almeno questo è un errore che di solito non faccio (quasi tutti gli altri sì, li ho fatti e anche più di una volta): molte donne fanno shopping per occasioni che non hanno, sull'onda del «non si sa mai», «potrebbe servirmi», «e se mi capita l'occasione» ecc.

Se questi eventi fantomatici ci saranno, sarete sempre in tempo a comprare qualcosa di adatto, se proprio non l'avete già!

Ma comprare abiti e accessori adatti a occasioni d'uso inesistenti è un errore da evitare. Immancabilmente, se e quando l'occasione si presenterà, questi capi non saranno comunque più freschi e nuovi come vorremmo, oppure sarà la stagione sbagliata o avremo in mente altre e più nuove cose che ci piacciono di più.

Per capire meglio se state comprando cose per la vita e le occasioni che avete davvero, potreste compilare una breve lista delle 3-4 occasioni d'uso più frequenti (per me, ad esempio: abbigliamento da lavoro *smart casual*; serate in posti chic ma non troppo formali; occasioni per il tempo libero; viaggi; sport) e poi valutare se quello che già avete è in linea con queste occasioni.

8 – COMPRARE SOLO CAPI BASIC O, AL CONTRARIO, SOLO COSE TRENDY

Entrambe le scelte possono dare risultati insoddisfacenti: nel primo caso, il rischio è un look un po' ripetitivo e noioso, nel secondo un guardaroba incoerente in cui nulla sembra davvero legare con il resto.

Anche qui, una cernita del contenuto del guardaroba aiuta ad analizzare la situazione e a correre ai ripari.

Con buoni capi basic bastano pochi pezzi chiave stagionali e di tendenza per variare anche di molto il proprio modo di vestire; viceversa, se abbiamo molti capi trendy conviene analizzare quali sono i colori ricorrenti e comprare pezzi che si abbinino al maggior numero di pezzi che già possediamo.

Una buona regola, in entrambi i casi, è valutare se il potenziale nuovo acquisto può essere abbinato in almeno tre o quattro modi diversi con quello che già abbiamo nell'armadio.

9 – REALI LACUNE DEL GUARDAROBA

Ho lasciato questa possibilità per ultima perché in genere è la più rara, ma a volte è davvero così: acquistare pochi e selezionati pezzi ci consente poi di sfruttarne molti altri che già possediamo, facendo per così dire da legante.

In questo caso via libera allo shopping! Ma non prima di aver analizzato davvero bene la situazione e aver tolto di mezzo tutto quello che davvero non ci serve e non ci dona.

A me è capitato ad esempio con le scarpe: non riuscivo a capire perché indossassi così poco i vestiti, finché non ho capito che era un problema di calzature: ora che dispongo di qualche paio di stivali e *ankle boots* che sta bene anche con le gonne e i vestiti, mi ritrovo a indossarli molto più spesso.

L' aiuto in più:

Molte lettrici di questo libro mi hanno scritto nel corso degli ultimi mesi, chiedendomi di realizzare uno strumento pratico e adatto a un uso personalizzato per imparare a sfruttare al massimo il proprio guardaroba. Detto fatto, è nato il **Corso**

pratico di stile e gestione del guardaroba, venduto nel frattempo in oltre 600 esemplari.

Lo trovate, insieme a tutti gli altri corsi e manuali digitali, nella sezione "**Prodotti**" del blog No Time for Style.

CAPITOLO CINQUE

Fare shopping nel guardaroba (con qualche piccola sfida)

Capita a volte di lasciarsi un po' andare con lo shopping quando in realtà ci si sente annoiate dal proprio modo di vestire, stressate dal lavoro o da altri aspetti della vita, insoddisfatte del proprio aspetto ecc.

Negli anni però mi sono resa conto che molto raramente la risposta è fare più shopping, anzi: spesso ingolfare il nostro guardaroba con nuovi acquisti spontanei e impulsivi non fa che aumentare il senso di disordine e perdita di controllo e confonderci ulteriormente le idee su cosa indossare.

Raramente la risposta è fare più shopping, anzi: spesso ingolfare il nostro guardaroba con nuovi acquisti spontanei e impulsivi non fa che aumentare il senso di disordine e perdita di controllo e confonderci ulteriormente le idee

---

Qualche anno fa ho finalmente realizzato, sia grazie ai miei stessi errori che a vari esempi di altre donne che avevo sotto gli occhi, che aggiungere semplicemente altro al proprio guardaroba non era la risposta – perché il problema stava proprio nel fatto di avere già troppo!

In tutto questo, come rimedio utile, immediato e soprattutto divertente ho scoperto a un certo punto le cosiddette *wardrobe challenge* – ossia le piccole sfide di stile, utili per sfruttare meglio quello che si possiede e variare di più il proprio modo di vestire.

Queste sfide si rivelano utili anche in altri momenti, ad esempio quando si ha voglia di tirare un po' il fiato dopo aver fatto nuovi acquisti o di fare il punto di quello che già si possiede e di cosa invece davvero manca o potrebbe al contrario arricchire il nostro guardaroba.

Negli anni, leggendo vari blog, frequentando gruppi che parlavano di moda e leggendo qualche libro di stile ho raccolto alcune di queste sfide.

Ogni volta imparo qualcosa di nuovo su me stessa (ad esempio cosa mi piace davvero del mio modo di vestire e quali outfit mi fanno sentire più a mio agio), sfodero il mio lato creativo e quasi sempre, a sfida terminata, decido di eliminare qualcosa o di affinare la mia shopping list.

I vantaggi sono molteplici:

- ✓ Si **sfrutta** quello che si ha già → **si compra meno**

- ✓ Si **capisce quello che non funziona** addosso a noi, che non ci piace e non ci fa sentire a nostro agio → **si compra meno e meglio**, evitando errori di shopping
- ✓ Si **scoprono capi e accessori a lungo dimenticati** → si compra meno
- ✓ Si **decluttera** di più e meglio → guardaroba più sgombro e gratificante (ci va tutto bene, ci piace tutto, tutto si abbina con tutto ecc.)
- ✓ Ci si **distrae** un po' dallo shopping come **risposta** alla noia e alla mancanza di uno sfogo creativo → si compra meno

Naturalmente di queste *wardrobe challenge* ce ne sono mille e se ne possono tranquillamente inventare di nuove a piacimento. Si possono fare da sole oppure con qualche amica. Può essere divertente anche fotografare i vari look, magari condividendoli su Instagram o in altro modo.

Qui vi propongo alcune piccole sfide:

- ✓ La **settimana «senza»**

Siete persone (come me, d'altronde) che hanno una o più «divise» rodate (per me, si tratta ad esempio di skinny+blusa+stivaletti) o che difficilmente rinuncianio a un capo o a un accessorio in particolare?

Allora questa sfida è per voi, perché vi obbliga a uscire dalla vostra personale comfort zone. **Scegliete una cosa che indossate fin troppo spesso ed eliminatela completamente per una settimana.** Cercate di pensare fuori dagli schemi per creare nuovi abbinamenti. Per esempio, per me potrebbe trattarsi di una settimana senza colori neutri o senza skinny jeans.

✓ La **settimana del vintage**

Scegliete **sette capi o accessori che nell'ultimo anno non avete mai messo** (quelli che i fanatici del decluttering estremo direbbero di cestinare senza pietà... io sono meno rigorosa, lo ammetto). Ogni giorno, **create un *outfit* attorno a uno di questi capi o accessori**. Alla fine della settimana riesaminate la situazione: se davvero non siete riusciti a rivalutare l'oggetto in questione, è davvero il momento di declutterarlo. In caso contrario, avrete riscoperto qualcosa che potrete riutilizzare ancora con soddisfazione.

- ✓ **La sfida del 10×10**

Scegliete 10 capi e mixateli in modo da creare 10 outfit diversi, da indossare per 10 giorni di fila. Questo esercizio è semplice e divertente, oltre che una sfida può risolvervi brillantemente il problema dei bagagli ma non solo: aiuta anche a diventare più creative con gli accessori, che sono invece utilizzabili a piacimento. È una delle sfide che ho sperimentato che mi ha insegnato di più e spesso uso questo criterio anche per fare i bagagli per un viaggio o una vacanza.

- ✓ **La sfida monocromatica**

Scegliete un colore che vi piace e vi sta bene e mettete a punto un outfit realizzato interamente con capi e accessori di quell'unico colore. Sono ammesse sfumature "affini", ovviamente. Questa sfida mi piace sempre molto perché è anche molto in linea con i miei gusti. Ma forse non è abbastanza... sfidante, in effetti!

- ✓ **La sfida «settoriale»**

Uso questa sfida quando so che dovrei mettere ordine in una determinata categoria del mio guardaroba (la prossima da passare al vaglio: abitini autunno/inverno) e decidere cosa tenere e cosa scartare. Per una settimana, mi impongo di indossare un capo al giorno di una stessa categoria, impegnandomi nel creargli attorno un abbinamento che mi piace. Se a fine giornata non sono convinta e non mi sono sentita a mio agio, scarto senza pietà.

Oltre a quelle citate, ci sono letteralmente migliaia di sfide più squisitamente stilistiche: ad esempio creare un outfit abbinando capi in denim di due tonalità diverse, creare un look autunnale utilizzando un capo decisamente estivo, scegliere un capo d'abbigliamento di un colore che non indossate mai (per me, il rosa) e creargli attorno un abbinamento così fantastico da farne un pezzo forte ecc. ecc.

Infine, ci sono le Sfide con la S maiuscola, o sfide 2.0, come il metodo Project 333 di Courtney Carver, lo **shopping ban** (versione chic & anglosassone del più nostrano «metto la carta di credito nel freezer per un mese o anche un anno intero»), il **30x30** Remix. Credo possano essere davvero utili in alcuni casi, anche se non le ho mai provate.

L' aiuto in più:

Molte lettrici di questo libro mi hanno scritto nel corso degli ultimi mesi, chiedendomi di realizzare uno strumento pratico e adatto a un uso personalizzato per imparare a sfruttare al massimo il proprio guardaroba. Detto fatto, è nato il **Corso**

pratico di stile e gestione del guardaroba, venduto nel frattempo in oltre 600 esemplari.

Lo trovate, insieme a tutti gli altri corsi e manuali digitali, nella sezione "**Prodotti**" del blog No Time for Style.

CAPITOLO SEI

Quali domande porsi quando si fa shopping

N el mio personale percorso verso una vita possibilmente senza caos ed eccessi ho letto vari libri, blog ecc. dedicati a queste tematiche e ho sempre notato come questi siano quasi sempre incentrati sullo smaltimento, sul regalare o addirittura sul buttare capi e accessori, mentre secondo me tutto questo processo è utile solo se serve a imparare che è altrettanto importante, se non di più: limitare l'input, ossia tutto quello che compriamo.

Ora, come potete notare anche da questo blog, non mi sono certo votata a una vita ascetica, né ho giurato di rinunciare del tutto a comprare nuovi capi di abbigliamento, tutt'altro: quello che cerco di fare è comprare meno, fare scelte più razionali e acquisti più soddisfacenti. E questo sia nell'immediato che a lungo termine.

Man mano che progredivo nel decluttering del guardaroba, ho capito un po' quali sono i miei personali **punti deboli** nel fare shopping e ho sviluppato la sana abitudine di farmi alcune domande prima di ogni acquisto (anche soltanto nel **camerino**, davanti allo specchio, o subito prima di premere il pulsante Invio di qualche online store o persino a merce già ricevuta – grazie alla possibilità di rendere quello che non va bene, offerta da molti siti online, c'è sempre tempo per farlo!)

IN QUALI OCCASIONI INDOSSERÒ QUESTO CAPO O ACCESSORIO?

Inutile dire che, se non mi vengono subito in mente alcune occasioni d'uso nell'immediato futuro (quindi escludendo il matrimonio della cugina nel 2027 o l'ipotetica cena di gala a cui potrei essere invitata forse tra undici mesi), è assolutamente il caso di lasciar perdere.

In alcuni casi – per capi e accessori basic o d'uso quotidiano – sono addirittura più drastica e mio chiedo: indosserei questa cosa domani mattina?

La prova del «domani mattina» è efficacissima, credetemi, perché ci obbliga a dare una risposta sincera evitando eventuali scuse mentali.

Una volta ho letto una statistica in cui si affermava che oltre il 60% delle donne fa shopping per una **vita immaginaria**, di pura fantasia, ossia per occasioni che vorrebbe magari avere, ma di fatto non ha – ed ecco spiegate, in alcuni casi, le Louboutin tacco 14, i vari abiti da fatine/principesse/ballerine anche dopo i 12 anni e lontano da occasioni tipo carnevale/Halloween, dove avrebbero anche un loro perché.

Almeno questo è un errore che tendo a non fare, ma qualche volta anch'io mi sono autoingannata sull'effettiva comodità di un capo o di un accessorio (tipicamente, tacchi over 10 centimetri) perché mi piaceva e basta.

COME SI ABBINA CON IL RESTO DEL MIO GUARDAROBA?

Sul momento cerco di immaginare almeno 3-4 abbinamenti fattibili con quello che già possiedo in termini di colori, stile, accessori, scarpe e capospalla.

Se non li trovo o l'acquisto richiede altri acquisti a valanga per essere indossato, lascio perdere. Immediatamente e senza scuse (beh, quasi sempre).

Questa domanda ha però anche altre sfaccettature: anche ammesso che l'oggetto si abbini ad altre cose che già abbiamo, infatti, c'è sempre il problema del nostro stile personale e dei nostri gusti estetici Anche se ci siamo fatte momentaneamente abbagliare dalla visione intensiva di blogger e *influencer* su Pinterest o Instagram, infatti, i nostri gusti non cambiano di colpo.

Anche in questo caso, vorrei poter dire di essere immune al fenomeno, invece ogni tanto devo ancora vigilare su me stessa... Il mese scorso ho comprato un abito a fiori completamente fuori dal mio stile, oltretutto troppo leggero per la stagione, che non so se metterò mai. Io e i fiori siamo, come dire... due cose diverse, poco importa se adesso gli abitini folk sono di moda.

È ADATTO AL MIO FISICO ATTUALE?

Qui l'accento è su **attuale**: non il fisico che vorrei, né quello che avevo a 22 anni dopo la vacanza *on the road* e senza soldi in Portogallo in cui ho sempre saltato la cena, né quello che potrei avere se seguissi un programma di allenamento intensivo stile *bootcamp* per 9 mesi non stop giorno e notte.

Ogni nuovo acquisto deve starmi divinamente bene adesso, con il mio fisico attuale, e possibilmente valorizzare i miei punti di forza minimizzando eventuali difetti, facendomi sentire sicura di me.

Perché posso garantire che sono quelle le cose che indosseremo sempre e continuamente.

Ogni nuovo acquisto deve starmi divinamente bene adesso, con il mio fisico attuale, e possibilmente valorizzare i miei punti di forza minimizzando eventuali difetti, facendomi sentire sicura di me.

È TROPPO TRENDY?

Ho sempre avuto gusti classici, ma mi sono lasciata tentare tante volte anche da acquisti di tendenza e dalle mode del momento. Per me, le due cose possono coesistere benissimo, l'importante è sapere in cosa conviene investire.

In ogni caso, secondo me, gli unici acquisti trendy che vale la pena fare sono quelli che si adattano perfettamente al nostro stile, che ci sono piaciuti subito istintivamente e che ci valorizzano (vedi punto 3).

È COMODO?

Questa domanda dovrebbe essere una delle più semplici a cui rispondere, invece noi donne siamo bravissime ad autoingannarci.

C'è chi è più votata alla sofferenza, ma chi (come me) sa di non possedere alcuna vena di masochismo modaiolo fa bene a lasciar perdere subito i capi troppo stretti, troppo larghi e ingoffanti, quelli che richiedono complicate modifiche sartoriali (a meno che non si tratti dell'orlo dei jeans, ecco) o quelli che sono del tutto inappropriati e scomodi per l'occasione.

E LE ISTRUZIONI DI LAVAGGIO?

Personalmente cerco di evitare, per ragioni ecologiche e anche economiche, tutto quello che richiede il lavaggio sistematico e frequente in tintoria (a meno di cappotti o altri capi particolari).

Perché so già in anticipo che il lavaggio a secco è un'altra incombenza che si aggiunge alla mia già lunga lista di cose da fare e questo farà sì, inevitabilmente, che il capo venga indossato molto poco.

DI COSA È FATTO?

Devo ammettere onestamente di essermi macchiata più volte del peccato di acquistare una blusa in poliestere semplicemente perché mi piaceva. E ogni tanto ci ricasco.

Anche lì, comunque, c'è sintetico e sintetico e persino una persona poco esperta come me lo nota a occhio. Per il resto, però, cerco di pensare sempre alla qualità, alla gradevolezza del capo indossato e alla sua durata nel tempo.

Preferisco comprare meno, ma meglio in termini di qualità.

COLMA UNA LACUNA O VA A RIMPOLPARE UNA CATEGORIA GIÀ MOLTO PRESENTE NEL MIO GUARDAROBA?

C'è chi accumula jeans, chi scarpe o chi, come me, bluse... Anche se è l'errore che forse tendo a commettere più spesso, vale sicuramente la pena porsi questa domanda e, se è il caso, rinunciare. Facilmente, infatti, nella nostra ricca collezione sarà già presente qualcosa di molto simile.

POTREI INVESTIRE MEGLIO LA STESSA CIFRA PER MIGLIORARE IL MIO GUARDAROBA?

Io per esempio amo le borse – le amo proprio tanto! – però mi sono resa conto che possedere dieci borse di sfumature che vanno dal beige chiaro al cammello non ha senso e non fa di me una persona vestita meglio che averne soltanto una o due.

A parità di investimento (e alcune borse sono davvero un investimento!), ci sono sicuramente cose che non possiedo ancora, che sono bellissime e hanno un grande impatto sui miei look. Come ad esempio le mie scarpe Rockstud con la punta pitonata che alla fine vanno quasi con tutto, o il mio caldissimo cappotto di piumino Moncler che mi veste come un guanto. Costano quasi quanto una borsa di lusso, certo, ma sono cose che creano reale valore aggiunto e varietà nel mio modo di vestire.

MI SERVE O PIACE DAVVERO O STO COMPRANDO PER SOLO PER NOIA, RABBIA O STRESS?

Una domanda molto personale quanto efficace. La risposta non è sempre facile, ma vale la pena pensarci un po' su.

> *Mi serve o piace davvero o sto comprando solo per noia, rabbia o stress?*

A monte di tutte queste domande, cerco di seguire la regola del «**fuori 1, dentro 1**»: insomma, non compro un nuovo capo finché non ne scarto almeno uno della stessa categoria. Questo NON significa, ovviamente, che se scarto una pila di dodici pigiami vecchi che usavo trent'anni fa posso comprare altrettanti top, jeans, stivaletti e cappottini all'ultima moda.

Per un periodo, inizialmente, ho aumentato la difficoltà e per un periodo ho seguito la regola del «**fuori 2, dentro 1**», ossia compravo un solo capo nuovo ogni 2 donati o scartati per usura della stessa categoria.

È stata dura, lo confesso, ma l'impatto anche visivo sul guardaroba è stato fantastico: un armadio più arioso e pieno solo di cose che mi piacevano davvero.

A proposito: la regola, per essere efficace, dev'essere seguita in quest'ordine: *prima* si scarta e *poi* si compra, non vale fare l'opposto, scartando magari cose ancora belle solo per far spazio a quelle nuove.

Per chi volesse approfondire questi temi, alcune letture utili:

The Curated Closet

In The Dressing Room With Brenda

The Style Strategy

...e anche qualche blog interessante sul tema:

Mindful Living – Silvia Petiti Architetto

Into Mind - Anuschka Rees

Inside Out Style

CAPITOLO SETTE

Come vendere con successo abiti e accessori

che non usiamo più

Quando si avvicina una nuova stagione, a un certo punto siamo costrette inevitabilmente a dedicarci al fatidico «cambio di stagione», che peraltro è diventato meno traumatico da quando ho ridotto drasticamente le dimensioni del mio guardaroba (anche se sono ben lontana dai guardaroba capsula di stampo minimalista, dai 10 item wardrobe e dai vari Project333, ammettiamolo).

Per me, il cambio di stagione è un'occasione per declutterare ulteriormente, scartando di volta in volta capi e accessori che ho usato e amato un tempo, ma che da uno o più anni non uso più. Questo mi offre il duplice vantaggio di capire cosa non funziona più nel mio stile e di prevenire acquisti sbagliati (beh, almeno un po'!).

Ogni volta trovo capi e accessori firmati o comunque di alta qualità che posso vendere, regalando il resto a chi ne ha bisogno (anche qui, se posso preferisco canali più diretti e personali alle grandi organizzazioni che raccolgono vestiario).

La vendita dei capi firmati e di alta qualità che non usiamo più ha, ovviamente, indubbi vantaggi economici, perché va ad alimentare il budget per gli acquisti della stagione seguente. Il che non guasta mai, ovviamente.

Ma secondo me questa pratica offre anche altri vantaggi, meno evidenti magari sul piano economico, ma forse addirittura più importanti: a me ricorda puntualmente che comprare meno, ma meglio (inteso come capi di qualità, ben fatti, qualche volta firmati e possibilmente contemporanei, in colori classici e che ci valorizzano) è sempre la cosa più sensata da fare.

Tra l'altro le cose classiche, ma moderne e di gusto contemporaneo in colori neutri o classici come il rosso sono anche quelle che si vendono puntualmente con grande facilità, anche dopo anni.

Chiaramente dovremmo sempre comprare ciò che amiamo a prescindere dal fatto che rispondano ai criteri citati, ma avere gusti classici seppure moderni e contemporanei o scegliere borse e altri accessori in colori neutri e classici non guasta mai: si sfruttano di più e conservano il loro valore nel tempo.

Negli anni ho venduto una quantità notevole di borse firmate (ne avevo una collezione infinita, ma alla fine usavo sempre le stesse; inoltre ce n'era sempre un'altra che avrei voluto), ma anche qualche paio di scarpe e diversi capi firmati o comunque di qualità.

Vendere è una cosa che mi riesce bene, che fa emergere l'economista che è in me. Per questo ho pensato di fare un elenco di dritte e consigli per chi desidera fare altrettanto:

Per prima cosa, dividere la refurtiva

Il frutto del nostro decluttering, riordino o cambio di stagione, insomma. E siccome anche il nostro tempo ha un valore, in base alla mia esperienza è inutile cercare di vendere la T-shirt di H&M da 9.99 o i pantaloni *no name* e logori. Facilmente non riuscirete nell'impresa e ci avrete pure investito del tempo.

Puntate invece su:

- ✓ capi e accessori **firmati**, non importa se un po' datati, e
- ✓ **capi di marca o di qualità**: materiali come il cashmere o la pelle si vendono sempre bene.

Secondo, segmentare

Non tutto si vende con la stessa facilità attraverso gli stessi canali di vendita.

Per borse e capi selezionati di firme internazionali molto spesso scelgo il patinato sito di rivendite Vestiaire Collective che offre molti vantaggi: il servizio di autenticazione, il fatto di pubblicare i vostri oggetti con foto professionali (le vostre, ma su sfondo neutro – cambia moltissimo credetemi), la spedizione per voi gratuita.

Ha anche qualche svantaggio però: soprattutto la salatissima commissione che può arrivare a circa un terzo del prezzo.

È vero anche che spesso Vestiaire Collective riesce a «rivalutare» l'oggetto, consentendovi spesso di venderlo a un prezzo decisamente più alto di quello che spuntereste altrove.

Per firme e marche meno conosciute o per evitare le commissioni, può valere la pena tentare anche su uno dei tanti gruppi Facebook: il mio preferito rimane l'eccellente e italianissimo gruppo di compravendita di borse firmate Pinkcorner, che offre anche un servizio di autenticazione gratuito, gestito da valide e simpatiche volontarie.

Per i capi di qualità, firmati ecc. una valida alternativa è offerta anche da siti di annunci online nazionali. Vivendo in Svizzera, ho fatto ottime esperienze con tutti.ch, ad esempio, specialmente per oggetti non costosissimi e di qualità non necessariamente firmati. Sicuramente anche in Italia e in altri paesi esistono siti analoghi.

Le foto sono fondamentali!

Non sono per niente un'abile fotografa, ma spesso il buon senso e l'estetica sono la cosa che davvero conta: vedo spessissimo messe in vendita borse magari bellissime fotografate di fianco a cani e gatti pelosi (saranno anche teneri ma chi compra ne riceverà senz'altro una percezione negativa) o sul sordido divanetto coperto di cartacce e confezioni vuote.

Chi compra un buon vintage desidera immaginare l'oggetto dei suoi sogni come se fosse già suo, quindi in un contesto neutro e pulito; inoltre una foto che suggerisce sciatteria, disordine o poca pulizia (i peli del gatto) evocherà immagini poco utili alla vendita.

Sono da evitare anche le foto buie che nascondono i dettagli o gli oggetti fotografati indossati, ma in modo sciatto e trascurato. Un po' di impegno su questo fronte aiuta a vendere molto, molto più in fretta.

Le descrizioni sono fondamentali!

Meglio essere chiari e dettagliati, elencare e possibilmente fotografare eventuali difetti e segni di usura, specificare le misure e la composizione ecc. Anche questo aiuta a infondere fiducia nel potenziale venditore e a evitare un fiume continuo di domande.

La cortesia è dovuta e ripaga sempre,

anche con il compratore più noioso. I perditempo, invece, vanno bloccati subito (e sono abbastanza facili da riconoscere, di solito).

Attenzione anche al packaging:

quando si vende, un po' di cura e l'aggiunta della confezione originale, delle eventuali etichette e, possibilmente, della fattura originale fa felice il compratore e può contribuire ad alzare di un bel po' il prezzo di vendita: su una borsa Chanel, per esempio, disporre del packaging originale può significare un differenziale di prezzo anche di 3 - 400 euro.

Aggiungete una foto del capo o dell'accessorio indossato,

preferibilmente con un *killer outfit* perfettamente abbinato all'oggetto che desiderate vendere; anche quello aiuta moltissimo!

> *Le cose classiche, ma moderne e di gusto contemporaneo in colori neutri o classici come il rosso sono anche quelle che si vendono con grande facilità, anche dopo anni*

Ci sono poi molti altri canali di vendita per il vostro usato di cui non ho parlato, perché non ho esperienze al riguardo, ma spesso ne sento parlare bene: mercatini cittadini, Depop, gruppi e forum online. Anche i negozi di vintage della vostra città possono essere una possibilità, a volte.

In passato ho venduto bene anche con eBay, ma ho trovato l'esperienza faticosa e per certi versi anche rischiosa (compratori che si volatilizzavano all'ultimo momento ecc.)

> *Per me, il cambio di stagione è un'occasione d'oro per declutterare, scartando di volta in volta capi e accessori che ho usato e amato un tempo, ma che da tempo non uso più. Con un duplice vantaggio: capisco cosa non funziona più nel mio stile e prevengo acquisti sbagliati (beh, almeno un po'!).*

Meglio essere chiari e dettagliati, elencare e possibilmente fotografare eventuali difetti e segni di usura, specificare le misure e la composizione ecc. Anche questo aiuta a infondere fiducia nel potenziale venditore e a evitare un fiume continuo di domande.

CAPITOLO OTTO

Il fascino discreto della shopping list

Lo ammetto, non sono mai stata brava con le liste. Nel privato, quanto meno, non sono proprio il tipo coscienzioso e ben organizzato che stila elenchi ben organizzati – liste di cose da fare, da comprare, da ricordare.

L'unico ambito in cui sto iniziando (timidamente) a usare il potente strumento della shopping list è proprio quello del guardaroba.

A trattenermi, finora, era un po' l'idea (non sempre sensata) che lo shopping dovesse soprattutto divertire, emozionare, sorprenderci. E l'idea di fare acquisti in qualche modo pianificati, invece di scoprire chicche e affari qua e là e in modo del tutto imprevisto e improvvisato, mi allettava meno.

Purtroppo, molte di queste «chicche» – *alias* acquisti d'impulso – hanno anche un risvolto della medaglia: spesso si rivelano delle totali, colossali delusioni, lasciando magari dietro di sé un vago senso di colpa (almeno nel mio caso, perché solitamente sono razionale e abbastanza portata alla gestione delle finanze).

Per questo ho deciso di provare a stilare – almeno per una parte del mio shopping – una lista delle cose che davvero mi servono o che quanto meno desidero assolutamente.

Ma quali sono i vantaggi di una lista? Eccone alcuni.

✓ **Fare una lista obbliga a pensare in anticipo ai propri acquisti.**

Così facendo si ha la possibilità di definire obiettivi di shopping e di guardaroba specifici. Gli acquisti impulsivi/compulsivi che poi si riveleranno fallimentari diventano così molto meno probabili. Anche in questo caso, un po' di pianificazione è vincente!

✓ **Stilare una lista di solito permette di distinguere le necessità dai semplici desideri.**

Mettere tutto nero su bianco aiuta a stabilire se qualcosa arricchirà davvero il nostro guardaroba o se è solo «voglia di qualcosa di buono». Ci si accorgerà che alcune cose che assolutamente volevamo in realtà le abbiamo già – o quanto meno che possediamo già qualcosa di molto simile. Fare questo esercizio per iscritto è molto più efficace che limitarsi a pensarlo.

✓ **Si risparmiano soldi.**

Una volta stesa la vostra shopping list, può essere utile fare un giro a negozi o navigare un po' tra i vostri online store preferiti. Sapendo già cosa volete, potrete limitarvi a confrontare singoli oggetti e, spesso, arriverete molto in fretta a trovare l'alternativa migliore e con il **miglior rapporto qualità/prezzo**.

Se avete un budget per lo shopping, sapendo in anticipo cosa volete acquistare saprete facilmente anche quanto andrete a spendere e come vi conviene allocarlo, ottimizzando così anche il lato dei costi.

✓ **Si risparmia tempo**.

Il tempo è prezioso e una shopping list vi aiuta a non sprecarlo. Non dovrete più vagare per negozi cerando di capire cosa potrebbe servirvi (o cosa potreste volere). Anche una volta in negozio, perderete molto meno tempo, sapendo già cosa cercare esattamente o chiedere alla commessa. Questo vi regala un vantaggio competitivo non indifferente rispetto alle maniache dello shopping impazzite!

✓ **Più divertimento e meno stress**.

Con una lista vi liberate dall'«ansia di prestazione» (trovare tutto ciò che vi serve, che desiderate o spuntare l'affare migliore e farlo prima che sparisca!). Tutto ciò che dovrete fare è rispettarla, comprare il giusto e poi tornare a casa e rilassarvi.

✓ **Una lista può essere condivisa, magari con le vostre amiche modaiole.**

Consultarsi è sempre utile e interessante, oltre che divertente! Chissà, magari una di loro ha già adocchiato esattamente quello che state cercando, oppure è in possesso di un codice sconto davvero buono da passarvi!

✓ **Niente più acquisti dettati dal panico**!

Una lista mette fine agli acquisti impulsivi, indotti dal fatto che «ci sono i saldi, tutti ne approfittano, allora anch'io!». E senza acquisti d'impulso o dettati dal panico ci saranno anche meno rimorsi e pentimenti.

✓ **Una maggiore disciplina.**

Lo so, la parola "disciplina" evoca immagini tutt'altro che divertenti, facendo apparire lo shopping folle e incontrollato come il massimo dello spasso. Ma la sensazione regalata dal fatto di essersi posti degli obiettivi e di averli raggiunti regala comunque una certa soddisfazione. Così come il sapere di essersi sottratti agli impulsi più subdoli del consumismo, a vantaggio di uno shopping più soddisfacente e ragionato.

Una curiosità: ricerche scientifiche hanno dimostrato che fare la spesa alimentare *con una lista favorisce il dimagrimento e il mantenimento di un peso sano ed equilibrato. I motivi sono esattamente quelli citati – basta adattarli al contesto alimentare!*

Detto questo penso che, comunque, nello shopping ci debba essere spazio anche per la sorpresa e l'avventura. Perché ammettiamolo, ogni tanto è proprio quando non stiamo cercando niente di preciso e gironzoliamo un po' a vetrine senza avere in mente nulla di concreto che spuntiamo quei pezzi – capi e accessori – che finiamo con l'amare visceralmente nel tempo e a sentire più nostri!

Per cui, almeno qualche volta, l'istinto può essere un ottimo consigliere.

Ma una cosa non esclude l'altra e, anzi, la shopping list aiuta sicuramente a liberare risorse da destinare appunto a queste piccole e bellissime sorprese!

Una lista mette fine agli acquisti impulsivi, indotti dal fatto che «ci sono i saldi, tutti ne approfittano, allora anch'io!». E senza acquisti d'impulso o dettati dal panico ci saranno anche meno rimorsi e pentimenti.

CAPITOLO NOVE

Classici ma non troppo: i pezzi immancabili del guardaroba

A tutte sarà capitato, sfogliando qualche rivista di moda, di incappare in uno di quegli elenchi stile «10 capi o accessori senza i quali non siete nessuno»; quelli in cui vi si dice, in sostanza, cosa dovreste assolutamente avere nell'armadio per potervi considerare ben vestite.

I capi basic e classici spesso ci facilitano la vita, perché formano una base formidabile per molti nostri abbinamenti e look. Oppure perché legano meravigliosamente con quello che già abbiamo, che può essere diversissimo per ognuna di noi!

Leggo sempre con curiosità questi decaloghi, che mi lasciano però un po' irritata e insoddisfatta: in fondo la moda e lo stile sono cose molto individuali, espressione della nostra personalità e creatività. Per questo, nessuno dovrebbe permettersi di dirci cosa dovremmo o non dovremmo comprare e indossare.

Fatta questa premessa, ci sono però capi e accessori che un po' tutte finiamo per comprare, prima o poi.

E questo per un motivo valido quanto preciso: perché ci facilitano la vita, formando una base formidabile per molti nostri abbinamenti e look. Oppure perché legano meravigliosamente con quello che già abbiamo, che può essere diversissimo per ognuna di noi!

> *Insomma, se i classici del guardaroba sono diventati tali un motivo c'è: sono la spina dorsale del nostro guardaroba e, soprattutto, sono sufficientemente semplici, funzionali e perfetti da fare da collante per qualsiasi altro pezzo del nostro guardaroba, per quanto eclettico o particolare possa essere.*

Per questo ho pensato di raccogliere qualche idea e suggerimento almeno su qualcuno di questi pezzi.

La camicia bianca

Protagonista assoluta sopra a un paio di jeans strappati, lasciata morbida a sbucare fuori da un morbido maglione di lana, rigorosamente abbottonata o con le maniche disordinatamente arrotolate. Oppure lunga, indossata come un miniabito, con sneaker o tacco alto: la camicia bianca è uno di quei classici che si adattano davvero ad ogni occasione.

Può avere un taglio rigoroso e sartoriale oppure essere arricchita di dettagli e lavorazioni particolari, asimmetrica, bon ton, oversize, sfiancata e stretch oppure morbida – la varietà è pressoché infinita.

La camicia bianca, comunque, può essere indossata in molti modi: sotto a una maglia di cashmere rubata a lui, ma anche morbidamente annodata in vita, lasciata aperta sopra a un top di pizzo, oppure indossata a mo' di giacca sopra a una canottiera di cotone molto basic.

Qui vorrei parlare degli abbinamenti che preferisco, quelli da indossare magari per un'occasione particolare, o che risolvono un'intera giornata, dalla colazione al programma del dopocena:

- ✓ **Abbinata a un classico pantalone nero,** magari un po' maschile o leggermente corto, corto alla caviglia oppure modello *culotte* per un effetto ancora più attuale.

Per quanto riguarda il classicissimo bianco e nero, il rischio che si corre è che l'abbinamento possa risultare un po' scontato o, peggio, fare l'«effetto divisa da lavoro».

In base alla mia esperienza in questi casi è soprattutto un problema di dosaggio dei due colori e di accostamento di materiali con tessuti e trame differenti.

I rimedi esistono, comunque: un bel rossetto vivace, se vi dona, preferibilmente rosso, oppure semplicemente sostituire il capospalla (blazer o cappotto) nero con uno bianco, beige chiaro o écru – insomma *ton sur ton* con la camicia o il top. La trasformazione da classico abbinamento visto e stravisto in qualcosa di molto più attuale sarà immediata!

- ✓ **Abbinata al colore e alle fantasie molto colorate:** in questo caso la camicia bianca diventa una sorta di «tela grezza» che ha il potere di valorizzare qualunque motivo e colore – sia che si tratti di un semplice dettaglio, come un foulard, o di un pantalone o di una gonna colorati.

La camicia bianca, in questo caso, è utile anche per creare uno stacco piacevole per chi (come me) non sta sempre bene con fantasie vivaci accostate al viso.

✓ **Abbinata ai jeans, anche (ma non solo) slavati, rovinati e strappati:** come nel caso del blazer, ma anche di molti altri classici, la natura stessa della camicia bianca crea un piacevole contrasto con tessuti "vissuti" e dall'aria un po' consunta. Questa combinazione è praticamente eterna e si commenta da sola nella sua perfezione, secondo me.

- ✓ **Abbinata a capi e materiali più grintosi e rock**, come leggings in pelle, giacche biker ecc.

- ✓ **Con shorts e gonne corte, se le indossate:** il carattere classico, lindo e un po' bon ton della camicia bianca ne mitiga l'effetto, creando anche in questo caso un contrasto molto gradevole e interessante.

- ✓ **In total look, abbinata a un jeans bianco o a un paio di pantaloni bianco o écru,** con accessori o dettagli cuoio oppure anche dorati, argento, leopardati, per un look chic senza tempo…

Vista l'enorme varietà di camicie bianche disponibili, in questo caso è bello spaziare, scegliendo materiali più luminosi e preziosi, dettagli e trame più ricchi, fogge più particolari. Il bianco mitiga e valorizza al tempo stesso volant, *ruches*, maniche dal taglio particolare, colli insoliti, evitando l'effetto «*too much*»

- ✓ **In chiave un po' "safari"**, abbinata a beige, sabbia, khaki e a stampe come quella pitonata, alla tela militare ecc.

- ✓ **In chiave serale,** abbinata a pantaloni o a una gonna nera, anche lunga, e impreziosita da gioielli, fibbie, pochette e piccole tracolle da sera, scarpe eleganti ecc.

- ✓ **Con gioielli e bijoux un po' vistosi o con un bel cappello**

  Anche in questo caso la camicia bianca esplica pienamente il suo effetto di tela grezza e l'effetto wow è garantito!

- ✓ **Con i capelli grigi (e un po' di make-up):** se avete i capelli grigi o bianchi, l'effetto è davvero strepitoso, da lasciare a bocca aperta, specie se abbinate la camicia a un bel rossetto rosso!

Vista l'enorme varietà di camicie bianche disponibili, in questo caso è bello spaziare, scegliendo materiali più luminosi e preziosi, dettagli e texture più ricchi, fogge più particolari. Il bianco mitiga e valorizza al tempo stesso volant, ruches, maniche dal taglio particolare, colli insoliti, evitando l'effetto «too much».

Tra le donne famose che secondo me sanno indossare molto bene questo classico del guardaroba, troviamo Inès de la Fressange, Giovanna Battaglia, Emmanuelle Alt, Olivia Palermo, Julia Roberts e Kate Moss. Googlatele o cercate le loro foto su Pinterest per trovare l'ispirazione!

La giacca Chanel

La giacca in tweed o tessuto bouclé, la classica «giacca Chanel» insomma, non è soltanto un classico del guardaroba, ma anche un capo tornato prepotentemente in auge proprio nelle ultime stagioni e quindi anche decisamente trendy.

Si trova praticamente ovunque al momento, in mille fogge, versioni e colori, per cui... Se volete aggiungerne una al vostro guardaroba, è il momento giusto per farlo!

Quella originale è stata ideata nel lontano 1954 dall'ormai mitologica **Coco Chanel**, che in occasione di un viaggio in **Scozia** scopre il tweed, tessuto dalle mille virtù, e decide di declinarlo al femminile, dando vita all'ormai iconica «giacca Chanel».

Questo modello – o comunque qualunque giacca ispirata ad esso – è un capo che fa sempre comodo avere nel proprio armadio. Perché è una giacca senza tempo, che non passa mai di moda, ma soprattutto perché è trasformista e consente di creare moltissimi outfit interessanti.

Il modello originale è corto, senza baveri né colletto e ha una linea dritta, quasi a scatola, ma ormai nelle boutique si trova declinato in un'infinità di modelli: lunghi, cortissimi o a blazer, squadrati come l'originale oppure sfiancati e femminili, con o senza revers.

Ad accomunare i vari modelli, la vera particolarità di questa giacca: il tessuto, che la distingue da tutte le altre.

Un modello low-cost a cappottino di Zara, caldissimo e ben rifinito

Ma come abbinare la giacca Chanel?

Naturalmente non c'è niente di male nell'abbinarla in modo **classico-elegante**, sopra a un paio di pantaloni in tessuto oppure a un abito a tubino o, ancora, a una gonna a tubino, rispettandone la natura un po' bon ton.

Ma siccome i look «da signora» hanno per me l'imperdonabile difetto di invecchiarmi di 15 anni e di starmi straordinariamente male, passo però subito oltre per dedicarmi ad abbinamenti che trovo più moderni, di carattere e giovanili!

Parlando innanzitutto di *abbinamenti con i pantaloni*, per me il compendio ideale è costituito soprattutto da:

- ✓ jeans slim o skinny in tessuto delavé o addirittura rovinato
- ✓ leggings o pantaloni in pelle

con cui la giacca Chanel crea un bellissimo contrasto. Mai come nel caso dei classici, infatti, gli opposti si attraggono.

Proprio perché si tratta di una giacca classica e un po' austera, infatti, basta accostarla a capi più casual o grintosi per trasformarla completamente.

- ✓ Ma la giacca Chanel, molto amata anche dalle star, può essere abbinata in modo non noioso anche ad abiti, gonne corte e shorts.
- ✓

Cosa indossare sotto a queste giacche?

Esistono varie possibilità per sdrammatizzare e valorizzare al massimo la giacca Chanel:

- ✓ una camicia in jeans
- ✓ una camicia classica button down, bianca o celeste
- ✓ una T-shirt bianca, grigia o nera, a seconda del colore della giacca
- ✓ una T-shirt grafica, con scritte e disegni
- ✓ una felpa grigio tuta.

Sono tutte opzioni che stemperano il carattere un po' austero di questo modello, dando vita a un look molto più moderno.

Come accessoriare la giacca Chanel?

Non lo dico quasi mai, ma in questo caso è proprio il caso di sbizzarrirsi: via libera a perle (magari non la misura classica, ma piuttosto over), catene, spille, braccialetti multipli, collane statement in cristalli Swarovski, ma anche cappelli e cinture a catena – in perfetto «stile Coco Chanel», che avrebbe sicuramente apprezzato!

Tra gli altri accessori che legano perfettamente con questo tipo di giacca troviamo infine le borse piccole e con la tracolla, preferibilmente metallica, a catena.

Anche in questo caso, Coco Chanel è stata geniale e lungimirante: l'aveva capito subito!

La t-shirt a righe (o marinière)

Un altro capo classico presente in molti guardaroba è la marinière, la classica maglia bretone a righe bianche e blu (ma anche in altre combinazioni di colore) d'ispirazione marinara.

È un capo che come pochi altri segna l'arrivo della bella stagione ricomparendo puntualmente in molti outfit. Di solito, la marinière è bianca a righe blu o blu a righe bianche (provatele entrambe: a seconda dei vostri colori personali una delle due varianti vi starà molto meglio dell'altra!), ma esistono anche interessanti versioni bianco-nere, bianco-rosse e in molte altre tonalità, così come varianti che, deformandone il disegno originale (ad esempio distanziando o allargando le righe, modificando la foggia oppure aggiungendo fiori o altre fantasie) ne fanno qualcosa di completamente diverso.

In ogni caso, la classica maglia a righe d'ispirazione marinara rimane un grande classico della primavera-estate. Ma come abbinarla in modo da non rischiare l'"effetto marinaretto" ed evitare la noia? Ho raccolto alcune idee, che vi invito ad approfondire con l'aiuto ad esempio di Pinterest.

1 – CON IL COLORE

Sebbene nasca già bicolore, questo capo si presta bene ad essere arricchito da un dettaglio in un colore forte – giallo, rosso, arancio, vere o anche, perché no, fucsia!

2 – NELLE MEZZE STAGIONI

È l'ideale indossata a fine inverno, come anticipo di primavera, oppure in autunno, lasciata sbucare fuori da capi caldi e avvolgenti, come morbide maglie di cashmere e cappotti o golf pesanti.

3 – ABBINATA AD ALTRE FANTASIE

Sempre dosando con accuratezza, la maglia a righe sta bene accostata a fantasie come il leopardato, al fiorato e ad alcuni monogrammati, primo fra tutti il classico monogram di Louis Vuitton.

Mix & Match: fantasie e colori sapientemente mixati

4 – IN VERSIONE MIX & MATCH

In quanto fantasia bianco-blu, può essere facilmente utilizzata in abbinamento ad altre fantasie negli stessi colori, tra cui quadretti o pois.

5 – IN VERSIONE PURISTA

Ovviamente, la maglia bretone risulta sempre perfetta se abbinata a un paio di jeans o pantaloni bianchi o a semplici jeans.

6 – ABBINATA A CAPI E MATERIALI PIÙ GRINTOSI E VISTOSI

Creano abbinamenti molto piacevoli, ad esempio, giacche biker in pelle, jeans strappati, lurex e paillettes.

In quanto classico dall'aria un po' francese e bon ton, infatti, si presta bene a questo tipo di contrasti.

7 - ABBINATA A CAPI PIÙ SEXY, COME SHORT E MINIGONNE

Come spesso capita, i pezzi classici del nostro guardaroba hanno un grande potere: quello di smorzare gli eccessi, rendendo il look più calibrato e sofisticato.

8 - LA MARINIÈRE CHE NON È TALE

Non tutti amano la classica maglia a righe a maniche lunghe, ma le righe sono indubbiamente una fantasia che dona a (quasi) tutte e anche di facile abbinamento. Per questo, esiste una grandissima varietà di alternative, dalla camicia a righe alla blusa di varie fogge alla semplice T-shirt a manica corta – a voi la scelta! Anzi, a dirla tutta la maglia bretone non deve neppure essere bianca e blu, le varianti sono numerose – a partire dalla secondo me gradevolissima e allegra opzione bianco-rossa!

Tra le donne famose che indossano al meglio la marinière, troviamo personaggi come Inès de la Fressange e la blogger Julie Sarinana del noto blog Sincerely Jules, uno dei miei preferiti.

Il cappotto cammello

O lo si ama o lo si odia: in genere per il cappotto cammello è così.

Per alcune donne, il *camel coat* è l'emblema della «sciura» di mezz'età e nessun outfit, per quanto grintoso e indossato magari da una giovanissima influencer, potrà mai cambiare questo luogo comune.

Per altre invece è indice di classe, un capo classico e sofisticato che rivela tutti i suoi pregi e la sua raffinatezza soprattutto se indossato a contrasto.

Io lo amo, se non da sempre, almeno da un bel po' di anni, al punto che ne ho già due all'attivo e ho sempre l'occhio vigile quando ne adocchio qualcuno di interessante.

Un altro falso mito legato al cappotto cammello riguarda il colore: secondo alcune donne, la tonalità cammello non donerebbe a nessuna.

> *Non esiste «il» colore cammello: questa elegante tonalità di colore è infatti presente in una varietà di toni, da quelli più chiari e «gialli» a quelli più scuri e freddi (i miei preferiti), ma anche in sfumature che virano al beige e al nocciola. Insomma, penso che ci siano davvero tonalità adatte a tutte!*

Lo scopo di questo capitolo è dimostrare alcune delle infinite possibilità di abbinamento di questo grande classico del guardaroba autunnale e invernale: come abbinarlo in modo attuale e non banale?

1 – CON LE RIGHE

Un abbinamento davvero facile, dall'ispirazione un po' francese, che facilmente potremo realizzare con quello che già abbiamo nell'armadio.

2 – CON LA PELLE

Questo è uno dei miei abbinamenti preferiti in assoluto, perché gioca di contrasti: la classe pacata del cammello contrasta infatti piacevolmente con la «grinta» a volte un po' aggressiva della pelle.

3 – CON L'ANIMALIER

Stesse tonalità di fondo per un connubio perfetto: i tessuti leopardati danno il meglio di sé con un cappotto cammello, sia che si tratti di piccoli accenni o di singoli accessori oppure di vestiti, pantaloni e gonne. Anche l'accostamento con il pitonato, meno visto, può risultare molto piacevole.

4 – CON I JEANS

Un accostamento senza tempo e, secondo me, sempre ben riuscito. La ruvidezza del denim (tanto più se "rovinato" o delavé) si abbina alla perfezione a un cappottino cammello.

5 – CON IL NERO

Ovviamente è il più classico degli abbinamenti, ma è sempre perfetto in ogni occasione. Rende il nero più diurno ed è un accostamento azzeccatissimo anche sul lavoro. A renderlo meno visto e più interessante può bastare un tocco animalier o un accessorio (scarpe o borsa) in pelle bordeaux.

6 – CON IL BIANCO O IL PANNA

Molto meno visto e inflazionato del classico cammello & nero, ma molto bello e luminoso per rallegrare le lunghe giornate invernali!

7 – IN CHIAVE MONOCROMATICA

Come ormai avrete capito, adoro i look monocromatici, giocati sulle diverse trame dei materiali e dei tessuti. Dei look delle foto mi piace molto il gioco di tagli, asimmetrie e materiali. Questi outfit sono perfetti per le bionde, perché ne esalta la luminosità dei capelli. Per quanto riguarda gli accessori, splendidi nero, stampe leopardate, il classico monogram Louis Vuitton o il bordeaux. In questi ultimi anni trovare un cappotto cammello è decisamente facile: sono ovunque! Ciò nonostante trovo brutto vedere un colore così chic e lussuoso su un tessuto di scarsa qualità, magari spiegazzato o comunque dall'aria cheap. E di capi così se ne vedono in giro, purtroppo.

Ma dove comprare il cappotto cammello?

Un ottimo posto dove è possibile acquistare cappotti bellissimi di ottima fattura e qualità (si tratta infatti di capi «smarchiati» dei vari brand del gruppo Max Mara) è senz'altro

Diffusione Tessile. In alternativa, tutti i brand del gruppo Max Mara (Max & Co, più low-cost, ma anche i più classici Sportmax e Marella ne hanno una vastissima scelta, per esempio).

Se invece volete qualcosa di più grintoso, cercate nelle boutique dei vostri brand preferiti: di solito li propongono regolarmente un po' tutti!

Il cappotto cammello dona alle bionde, ma scelto nella giusta tonalità sta bene davvero a tutte

Top e vestiti a spalle scoperte

Proposti come nuova tendenza del momento qualche estate fa, i top e i vestiti a spalle scoperte, detti anche «off shoulder» o «alla Bardot» in onore di Brigitte Bardot, che li lanciò addirittura negli anni 60, sembrano destinati a durare.

Personalmente e come anche altre donne li amo moltissimo da sempre e li usavo già prima che diventassero di moda. Trovo stiano bene davvero a tutte!

Ciò nonostante, quando ne parlo con amiche e conoscenti, mi capita ogni tanto di incontrare delle remore: «non mi stanno bene», «ho le spalle troppo larghe/strette per indossarli» o, addirittura, «sono troppo grassa per gli off shoulder top», quando è evidente, almeno secondo me, che questi top stanno decisamente meglio con spalle un po' tornite.

Quest'estate li ho visti indossati tantissimo ovunque (ma soprattutto in Costa Azzurra, una vera mania!) – sia nella versione top o blusa che sotto forma di abiti – e trovo donino praticamente a tutte! Insomma, l'off shoulder top/dress, (ri)proposto come trend del momento qualche stagione fa, sembra destinato a durare nel tempo e ha tutto il potenziale per diventare un grande classico dell'estate.

Ma quali sono i modelli su cui puntare?

IL TOP A SPALLE SCOPERTE

È sicuramente il pezzo più facile e abbinabile: va praticamente con tutto, dai jeans skinny agli shorts, alle pantaculotte alle gonne, mini o longuette.

A seconda della silhouette o se si preferiscono i pantaloni a vita un po' alta, conviene puntare su modelli più corti o addirittura *cropped*, che segnino bene il punto vita: sono valorizzati al massimo da uno skinny a vita alta o da un paio di shorts e stanno bene anche a chi ha un bel seno, perché evitano di allargare visivamente tutta la parte superiore del corpo.

L'ABITO OFF SHOULDER

Versione più recente di questo trend, è deliziosa in piena estate, per sfoggiare l'abbronzatura. Conviene evitare, per tutte le silhouette, i modelli troppo "a sacco" a favore di modelli morbidi ma più femminili.

LA CAMICIA A SPALLE SCOPERTE

È forse l'interpretazione più recente dell'off shoulder top ed è decisamente innovativa e interessante, anche se sicuramente difficile da stirare!

Non mi ci sono ancora davvero cimentata soprattutto per quest'ultimo motivo, ma trovo che ci siano modelli decisamente belli, soprattutto in bianco e azzurro, colori classici per una camicia.

IL MAXI DRESS O LA TUTA OFF SHOULDER

Anche queste ultime interpretazioni del trend «spalle scoperte» sono decisamente attuali, perché abbinano un capo di tendenza a un altro capo trendy dell'estate – l'abito maxi o la tuta, appunto, dando vita a look davvero interessanti e molto di tendenza.

> **Consiglio per ricreare il look risparmiando:**
>
> *comprate un top off shoulder in un colore in cui possedete già un paio di pantaloni e ricreate lo stesso effetto di una tuta con un look monocolore – un trucco facilissimo ed elegantissimo!*

Il top, la camicia o addirittura l'abitino o la tuta a spalle scoperte sono capi che adoro per l'estate, che consiglio a tutte e che secondo me stanno bene davvero a tutte. Inoltre, sono pezzi facili, adatti a varie occasioni e che si abbinano facilmente a vari stili, dal minimal al romantico al gipsy e, se scelti bene, occupano pochissimo posto in valigia, senza stropicciarsi. E regalano subito un'aria di vacanza!

La giacca di pelle

Un altro grande classico del guardaroba di molte donne è la giacca da motociclista realizzata in pelle o ecopelle.

Mentre altri capi e accessori vanno e vengono con le mode, il «biker» – il giubbino in pelle o finta pelle ispirato al look dei motociclisti – sembra non conoscere crisi: a ogni nuova stagione torna prepotentemente alla ribalta.

Con effetti strepitosi: sembra infatti armonizzare con qualsiasi nuova tendenza del momento, dai maxi abiti ai top in lamé.

Un vero e proprio capo jolly, insomma, disponibile oltretutto in infinite fogge e varianti di colore.

La giacchina in pelle è vero e proprio capo jolly, disponibile in infinite fogge e varianti di colore.

Ma quali sono gli abbinamenti di maggior effetto per la giacca in pelle?

1 – CON GONNE E ABITI MIDI / MAXI

Gonne e abiti midi e maxi sono il trend del momento e la giacca biker sembra davvero essere nata per questi capi, come potete vedere in queste foto!

2 – CON LA T-SHIRT

Quest'accoppiata di due capi dall'animo casual non può che colpire nel segno: la T-shirt, sia tinta unita che in versione grafica, è semplicemente perfetta come "sotto".

3 – SOPRA AD ABITINI ROMANTICI, PER UN EFFETTO BOHO

La pelle (vera o «eco» che sia, ormai si trovano in commercio imitazioni perfette e morbidissime) armonizza perfettamente con l'anima gipsy di un bell'abitino svolazzante e boho style: la grinta dell'una contrasta piacevolmente con la romantica (e finta) trasandatezza dell'altro.

4 – SOPRA A TOP E ABITI DECISAMENTE ELEGANTI, PER SDRAMMATIZZARE

Usata come capospalla sopra ad abiti da sera, magari in tessuti preziosi, brillanti e decorati o anche decisamente sopra le righe crea un contrasto favoloso, trovo.

Il mio fidato biker nero: lo uso tantissimo!

5 – SOPRA A UN ABBIGLIAMENTO FORMALE, PER SPEZZARE

Un abbinamento decisamente facile, pratico (la pelle ripara dal vento e dalle intemperie) e da usare anche tutti i giorni, secondo me.

6 – CON I JEANS

Ovviamente il più classico degli abbinamenti, ma sempre perfetto nella sua semplicità.

7 – SOPRA A MAGLIE EXTRALUNGHE CON SKINNY (O LEGGINGS)

Il bello in questo caso sta nel gioco di proporzioni: l'abbinamento tra la giacca di pelle corta e una maglia lunga che copre i fianchi, infatti, valorizza il punto vita e crea un bel gioco di proporzioni che slancia visivamente molti tipi fisici e sta bene a quasi tutte.

8 – NERO O COLORATO, GIOCATO IN UN LOOK MONOCROMATICO

Sicuramente uno dei modi più chic in cui indossare una giacca di pelle, anche nera ma (soprattutto) anche in altri colori! In questo caso è il materiale – la pelle – a creare un gradevole gioco di contrasti monocromatici con il resto dell'outfit.

Il vestito nero (o little black dress)

In questo capitolo dedicato ai pezzi classici o comunque molto utili del nostro guardaroba ho pensato di parlare anche di un tipo di abito che esiste in infinite varianti, estive e invernali, lunghe e corte, eleganti e più casual e che davvero dona a tutte, secondo me: il vestito nero.

Impossibile non trovarne uno (o anche dieci!) perfetto per noi.

In auge (almeno) dagli anni 60, ha attraversato come molti altri capi e accessori varie mode, pur rimanendo sostanzialmente fedele a sé stesso per natura e funzione.

Dal punto di vista della strategia del guardaroba, il vestitino nero è davvero utilissimo e presenta secondo me almeno tre vantaggi sostanziali:

- ✓ è sobrio, spesso semplice e lineare e scuro, il che lo rende una base perfetta per valorizzare e far risplendere la donna che l'indossa, invece dell'abito. Questo è senz'altro vero sul piano fisico, secondo me, ma indubbiamente anche a un livello più profondo, in quanto porta l'occhio a concentrarsi sul viso, sugli occhi, e a rivelare le emozioni della donna che l'indossa.

- ✓ È una base che si presta a mille variazioni: è quasi impossibile non possedere già tutto il necessario per realizzare almeno 3 (o 30) outfit completi e diversi tra loro.

- ✓ Esiste in talmente tante varianti che è impossibile, davvero impossibile, non trovarne uno che ci doni moltissimo.

In auge (almeno) dagli anni 60, il little black dress ha attraversato come molti altri capi e accessori varie mode, pur rimanendo sostanzialmente fedele a sé stesso per natura e funzione.

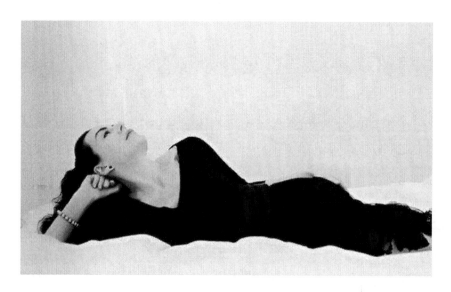

Tra i classici del guardaroba è sicuramente uno dei pezzi che amo di più anche per la sua versatilità.

Per cambiarne l'anima, infatti, basta sostanzialmente cambiare accessori (e al massimo anche il tessuto).

A seconda di com'è accessoriato, infatti, l'abito nero ha almeno tre occasioni d'uso:

- ✓ Occasioni serali da moderatamente a molto eleganti
- ✓ Occasioni diurne formali

Per queste occasioni torna sempre utile e comodo possedere un buon vecchio tubino nero. Per renderlo ancora più diurno, ma anche formale basta aggiungere una borsa grande ma strutturata o semi strutturata e (Jackie docet) un bel paio di occhiali da sole.

✓ Occasioni diurne più casual (non tutti i LBD si prestano, ma quelli più semplici e in materiali opachi senz'altro sì).

Per rendere l'abitino nero meno formale, oltre alla borsa sono importanti anche le scarpe: ormai anche abbinamenti a contrasto, con biker boots, sneakers e stivaletti a calzino, sono assolutamente sdoganati e creano piacevoli «rotture di stile», dando nuova linfa a questo classico del guardaroba.

Un caldo abito nero in maglia con maniche a volant, comodissimo per il giorno, accessoriato in modo molto casual, con stivaletti sportivi e maxi bag

Per cambiare l'anima di un abitino nero basta sostanzialmente cambiare accessori.

Ma quali altri accorgimenti aiutano a sdrammatizzare un abitino nero per poterlo utilizzare anche per il giorno senza sembrare *overdressed*?

Basta scegliere quelli meno decorati, in tessuti opachi e a prova di sollecitazioni (quindi via libera ai jersey doppiati, ai tessuti Ponte e a quelli elasticizzati).

Un altro punto importante è la scelta del capospalla: il vestitino nero, infatti, armonizza e contrasta alla perfezione con giacche in pelle, trench coat (molto sexy se abbinati a tacchi alti e abitino un po' scollato) e persino cardigan o cappotti pelosi per la stagione fredda.

Come tutti gli altri classici, pur essendo in circolazione da molto tempo anche il LBD è soggetto a mode e a corsi e ricorsi stilistici. Proprio perché nero, si presta infatti a infinite variazioni sul tema e a grafismi e giochi di materiali, trasparenze, asimmetrie come pochi altri capi.

Negli ultimi anni apprezzo molto i modelli che giocano con materiali diversi o con tagli e trasparenze geometrici. Fra le donne che indossano con particolare classe il little black dress troviamo, ad esempio, Jennifer Aniston, Victoria Beckham e poi la mia preferita, soprattutto per le versioni più cool e casual, Julie Sarinana di Sincerely Jules.

Se siete a caccia di ispirazione, cercatele con Google o su Pinterest per nuove idee!

Per rendere l'abitino nero meno formale, oltre alla borsa sono importanti anche le scarpe: ormai anche abbinamenti a contrasto, con biker boots, sneakers e stivaletti a calzino, sono assolutamente sdoganati e creano piacevoli «rotture di stile», dando nuova linfa a questo classico del guardaroba.

L'abito bianco estivo

Un super classico della stagione estiva è, da sempre, l'abitino bianco, preferibilmente fresco e arioso.

Corto o lungo, è capace come nessun altro capo di valorizzare la nostra abbronzatura e di mantenerci fresche per tutta l'estate con stile ed eleganza. I modelli in questo caso sono davvero infiniti, da quelli più minimal e lineari e quelli d'ispirazione boho, ricchi di pizzi, trine, nastri e volant, un genere che d'estate – e a differenza del resto dell'anno – piace tantissimo anche a me.

Il vantaggio dell'abito bianco sta tutto nel colore: il bianco è infatti un colore a suo modo forte, un protagonista assoluto, che offre però al tempo stesso il vantaggio di sapersi trasformare in una «base» neutrale capace di valorizzare qualsiasi cosa: fantasie multicolor, tessuti dalla texture particolare, dettagli insoliti, materiali come il cuoio, il bambù o il metallo dorato, ma anche altre tonalità neutre che, insieme al bianco, creano bellissimi e sofisticati giochi di sfumature.

Corto o lungo, un vestito bianco è capace come nessun altro capo di valorizzare il nostro incarnato naturale, la nostra abbronzatura e di tenerci fresche con stile ed eleganza.

1 - BIANCO E BASTA

Il bianco è senz'altro un **colore protagonista** e il suo impatto può essere piuttosto forte, a dispetto della sua apparente neutralità. Perché allora non sfruttarne pienamente l'effetto indossando un abito tutto bianco e accessori in tinta?

2 - PIZZI & TRINE

La neutralità e il candore di un abito bianco ne fanno la base ideale per giocare con la ricchezza del tessuto; per questo, tessuti e dettagli come pizzi, frange, volant, ricami all'uncinetto e nappine ne potenziano al massimo l'effetto senza (quasi) mai risultare kitch o «too much».

3 – BIANCO+

Abbiamo già visto che il bianco è forse il miglior colore in assoluto per valorizzare per contrasto fantasie, colori vivaci e tessuti particolari. Perché allora non fondere in partenza le due cose e optare per un abitino bianco con fantasia incorporata? L'importante è sceglierne uno in cui il bianco la faccia comunque da padrone: questo tipo di fantasia, infatti, illumina tantissimo il viso di chi l'indossa.

4 – BIANCO & CUOIO

Il cuoio e la pelle scamosciata sono alleati ideali del bianco.

5 – BIANCO & NATURA

Il bianco è anche il **compendio ideale di molti materiali naturali** come la paglia, il rattan, il legno e il cuoio. Un effetto che può essere facilmente giocato con **borse e cappelli di paglia**, **collane** in materiali ottenuti dalla natura e altri dettagli "naturali". Anche accessori come occhiali da sole, braccialli o pettinini per capelli in tartaruga legano benissimo con il bianco.

6 – BIANCO & ANIMALIER

Abbinamento meno classico, ma di grande impatto. L'importante è **mantenere neutro tutto il resto**, soprattutto le scarpe.

7 – BIANCO & COLORE

In questo caso basta davvero un dettaglio per cambiare le regole del gioco!

8 – BIANCO VEDO – NON VEDO

Molto piacevoli e apprezzati, infine, anche i modelli con **effetti cut-out o trasparenze** che nel caso del bianco (come del resto del nero) esplicano pienamente il loro effetto.

Le sneaker

Le sneaker (le classiche scarpe da ginnastica, insomma) sono in circolazione da molto tempo. Sono stata bambina negli anni 70 e ricordo che il primo "oggetto di moda" che ho desiderato sono state le classiche Adidas con le tre strisce laterali, che all'epoca dovevano essere rigorosamente azzurre.

Nelle ultime stagioni, però, abbiamo assistito a un rilancio delle sneaker, in particolare in alcuni modelli:

- ✓ la classica scarpa da ginnastica tutta bianca, da abbinare a jeans, ma anche ad abitini, minigonne e outfit più formali
- ✓ la sneaker stile Gucci, a sfondo bianco con motivo decorativo rosso-verde

- ✓ trend un po' più estremo, la sneaker over, esagerata insomma, dotata di *platform*, zeppa, rialzo ecc.

Parlando di moda over 40, trovo sia un capo capace di ringiovanire qualsiasi outfit (e anche chi l'indossa), ben più di altri elementi del guardaroba volutamente "giovani".

È dunque sicuramente un accessorio da avere e conservare in guardaroba, e non solo per ovvi motivi pratici!

Ma come abbinarle in modo moderno e attuale?

Ho raccolto qualche idea, consultando come sempre quella fonte inesauribile di ispirazione costituita da Pinterest!

1 – CON IL COMPLETO COORDINATO DA LAVORO

Preferibilmente con pantalone cropped, insomma corto il necessario da scoprire la caviglia: eviterà l'effetto "gamba tozza", slancerà tutta la gamba e darà al vostro look un tocco molto attuale.

2 – CON JEANS SKINNY O DRITTO

È forse l'abbinamento più naturale e scontato ma giocando con i modelli giusti, sia di scarpe che di jeans, diventa fresco e attuale.

3 – CON SHORTS E MINIGONNE

In questo caso l'idea vincente è giocare di contrasti: le sneaker, tipicamente basse, renderanno la mini o gli shorts o la minigonna dinamici e carini, invece che smaccatamente sexy.

4 – CON GLI ABITINI CORTI

Idem come sopra: rende il corto portabilissimo anche di giorno e in contesti molto casual.

5 – CON LE GONNE MIDI O LUNGHE

Abbinamento perfetto in particolare per questa stagione, visto il dilagare delle nuove lunghezze, che arrivano al polpaccio o addirittura alla caviglia.

L'effetto è particolare, poiché la sportività della scarpa spezza l'effetto decisamente femminile della gonna midi o lunga.

6 – CON LA TUTA O IL MAXIABITO, A FIORI O FANTASIA

Sono soprattutto i modelli bianchi a creare un contrasto interessante con tute (o anche maxi abiti) a fantasie vivaci, con un effetto mix & match che più che sull'accostamento di fantasie gioca su quello di stili diversi (sportivo e più estroso).

Un bel paio di sneaker è un accessorio di facile abbinamento, capace di ringiovanire istantaneamente qualsiasi outfit (e anche chi l'indossa), ben più di altri elementi del guardaroba volutamente «giovani».

CAPITOLO DIECI

Come fare le valigie per viaggi e vacanze

Lo ammetto: il bagaglio perfetto probabilmente non esiste e io comunque sono ben lungi da ogni perfezione in questo settore.

In tutti questi anni di bellissimi viaggi intorno al mondo, però, ho imparato a diventare sempre più organizzata e spartana con i miei bagagli e quindi posso dire di avere imparato alcune cose utili in materia di bagaglio perfetto. Anche se, come per molte donne, la tentazione di portarsi dietro la casa (o, quantomeno, l'intero guardaroba) c'è ed è sempre forte!

Di solito, comunque, viaggiare mi rende felice e non mi genera particolari ansie, anche perché viaggio quasi sempre con la mia famiglia, che mi fa sentire a casa ovunque mi trovi. E questo mi aiuta anche ad alleggerire la valigia!

Promemoria per fare le valigie

Di solito, quando faccio le valigie procedo più o meno così:

Verifico le condizioni meteo del posto

Nel farlo, tengo conto che possono cambiare o presentare eventuali sorprese (in questo si sono rivelati preziosi alcuni capi e accessori, come il piumino ultraleggero arrotolabile o una pashmina di cashmere light, che occupano pochissimo spazio ma sono fantastiche in molti casi).

Stabilisco le occasioni d'uso che mi capiteranno in vacanza

Ad esempio: spiaggia, serate easy chic, trekking in montagna, giri turistici in città ecc.

Valuto (se la destinazione scelta lo richiede) eventuali usanze locali, religiose e culturali, che possono avere un impatto sul guardaroba da viaggio

Durante un viaggio in Thailandia, per esempio, sono stata costretta a utilizzare continuamente una pashmina per coprirmi le spalle, visto che c'erano mille gradi ma non si poteva entrare nei templi se non a spalle e a volte anche a gambe coperte.

E forse il consiglio più importante di tutti: scelgo subito due, massimo tre colori neutri base su cui fondare tutta la mia valigia, di solito uno chiaro e uno scuro

Devono stare bene sia combinati fra loro che abbinati a qualche capo e accessorio colorato che sicuramente vorremo portare con noi in vacanza.

Tenuto conto di quanto sopra, seleziono i capi e gli accessori da portare.

Faccio le valigie, adottando qualche trucchetto appreso leggendo qualche libro sull'organizzazione e il riordino, tra cui il grande classico di Marie Kondo: <u>**Il magico potere del riordino. Il metodo giapponese che trasforma i vostri spazi e la vostra vita**</u>.

Fra tutti i consigli dispensati da Marie Kondo, quello che si è rivelato più utile per me negli ultimi anni è stato quello di arrotolare tutto ciò che può essere arrotolato: incredibile quanto spazio si risparmia!

Per abitudine utilizzo anche Stylebook (vedi capitolo precedente), con cui ho iniziato a creare una sorta di guardaroba-capsula da viaggio.

Questo mi consente di:

- ✓ visualizzare con l'app quello che intendo portare con me
- ✓ capire a colpo d'occhio eventuali squilibri nei bagagli (ricordo ancora, un paio di anni fa, un viaggio in Islanda durante il quale sono stata costretta a vestirmi quasi solo di blu e nero perché avevo variato poco i colori... una cosa davvero lugubre!)
- ✓ evitare eventuali doppioni o ridondanze.

A volte mi capita anche di ripescare vecchie valigie pianificate con Stylebook e di ispirarmi a queste per altri viaggi simili. L'estate scorsa, per esempio, per una settimana di vacanza a Rodi mi sono rifatta alla valigia memorizzata su Stylebook per un'analoga vacanza a Mykonos e poi ho semplicemente fatto qualche sostituzione. Comodissimo!

Fra tutti i consigli dispensati da Marie Kondo, quello che si è rivelato più utile per me negli ultimi anni è stato quello di arrotolare tutto ciò che può essere arrotolato: incredibile quanto spazio si risparmia!

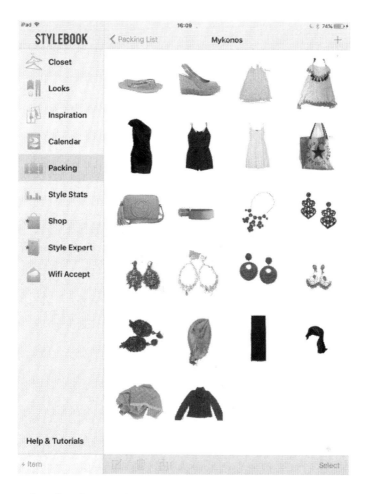

Guardaroba di uno degli ultimi viaggi al mare (a Mykonos)

Insomma, alla fine grazie a pochi minuti di pianificazione riesco a partire molto più leggera!

Altro piccolo trucchetto, cerco sempre di indossare le cose più ingombranti durante il viaggio, specie se nel luogo di destinazione fa più caldo che in quello di partenza.

Sperando che possa essere d'aiuto, concludo presentando quale gadget utile per semplificarsi la vita in viaggio e in vacanza. Sono tutte cose che possiedo e che ho avuto modo di utilizzare e testare con soddisfazione nel corso di molti viaggi:

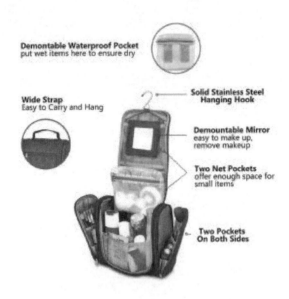

Beauty case da viaggio TOMOUNT, semplicemente geniale: i bagni degli hotel sono spesso molto piccoli oppure capita di soggiornare in posti dove manca spazio orizzontale, sotto forma di ripiani (due anni fa ho trascorso qualche giorno a Gili Meno, un'isoletta al largo di Bali, soggiornando in una romanticissima capanna di bambù. Non aveva alcun tipo di arredo a parte il letto a baldacchino e questo beauty mi ha salvato la vita!)

Set di **cubi e altri contenitori impermeabili da valigia**: permettono di creare scomparti in valigia e di segmentare ciò che vi occorre, risparmiando spazio ed evitandovi la fatica di dover estrarre tutto ogni volta (utilissimo nel caso di viaggi itineranti).

Immancabili salvavita: le **guide della Lonely Planet**, tuttora imbattute sulla grande maggioranza delle destinazioni.

Sacca impermeabile Drybag per proteggere tutti i vostri oggetti se siete al mare, andate in barca, fate crociere ecc.: noi l'abbiamo acquistata in Thailandia per girare tra le isolette dell'arcipelago delle Phi Phi, a bordo di piccole imbarcazioni dove bastava poco per bagnare tutto, e da allora l'abbiamo già utilizzata mille volte! Forse la trovate anche a destinazione, ma su Amazon onestamente costa meno!

CAPITOLO UNDICI

Fantasie: come abbinarle

Nel vestirmi ho sempre preferito le tinte unite alle fantasie, convinta soprattutto che non mi stessero bene, in molti casi. Inoltre, i capi a tinta unita sono indubbiamente più facili da indossare e da abbinare, perché lo sforzo per creare un outfit armonioso è davvero ridotto ai minimi termini.

Negli ultimi anni, però, molte fantasie classiche sono tornate prepotentemente alla ribalta: fiori, righe, stampe monogrammate o *animalier*, spesso combinate tra loro oppure reinterpretate in chiave insolita e interessante.

Insomma, nel corso delle ultime stagioni la voglia di indossare stampe e fantasie è tornata anche a me!

Per questo motivo ho deciso di lanciare una mini serie di post dedicati appunto ad alcune delle fantasie e delle stampe più diffuse e a come abbinarle in chiave contemporanea, ma sempre di buon gusto.

Tutti questi post sono tuttora tra i più letti di **No Time For Style**: segno che le fantasie piacciono moltissimo, ma possono anche far sorgere qualche piccolo dubbio quando si tratta di abbinarle al meglio.

Per questo ho pensato di riproporre alcuni suggerimenti anche qui, arricchendoli e aggiornandoli rispetto al blog.

E se siete a caccia di un po' di ispirazione, sotto forma di look che usano le fantasie, guardate anche le mie bacheche su **Pinterest**, dove ho raccolto tutto il materiale grafico sull'argomento!

Negli ultimi anni, molte fantasie classiche sono tornate prepotentemente alla ribalta: fiori, righe, stampe monogrammate o animalier – spesso combinate tra loro oppure reinterpretate in chiave attuale e interessante.

Il leopardato

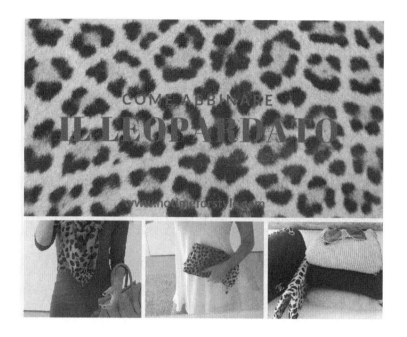

Ho pensato di dedicare un capitolo di questo libro a una fantasia che attualmente è molto di moda, ma che è anche un classico del guardaroba: il leopardato.

Spesso ingiustamente giudicato volgare in qualsiasi sua declinazione oppure fin troppo amato e abusato, il leopardato divide gli animi, scatenando pareri anche molto contrastanti. Negli anni mi è capitato di incontrare persone che alla minima comparsa di «macule» e «leopardature» varie, anche se presenti unicamente su una sottile cinturina, su una sciarpetta o simili, gridavano prontamente alla volgarità, accusando la malcapitata di turno di voler apparire sexy per forza, di adottare un abbigliamento inappropriato e via dicendo.

Ora, pur rispettando naturalmente qualsiasi parere, trovo questi commenti abbastanza esagerati, anche perché un conto è strizzarsi in una tutina maculata super aderente e abbinarla a un tacco 14 (che poi se una si sente a suo agio, perché no?), un altro è abbinare un singolo accessorio *animalier*, integrandolo armoniosamente in un look.

Personalmente possiedo due borse leopardate: la prima è una pochette di Claire Vivier che, più che leopardata, può essere definita ghepardata (ossia a fondo beige con macchie ben delimitate di forma ovale); questa è forse la mia preferita tra le varie stampe animalier, perché è molto luminosa e, grazie ai contorni netti, spicca un po' su tutti i tessuti.

L'altra è un acquisto più recente, il modello Bobi di Jerôme Dreyfuss, e presenta un motivo leopardato.

Oltre a queste due borse, sono provvista di sciarpa e stivaletti entrambi ghepardati, che si abbinano bene a molte tonalità neutre, ma anche a qualche colore, come il rosso o il bordeaux.

La mia amatissima sciarpa ghepardata di By Malene Birger

Ma come abbinare le stampe leopardate, senza rischiare di cadere nella banalità, o peggio, nella volgarità?

CON I COLORI NEUTRI

Sono convinta che gli accessori e i capi leopardati ottengano il loro massimo effetto abbinati a look sobri e monocromatici, realizzati abbinando tra loro tonalità neutre.

Oltre che con l'ovvio total black, trovo possano essere bellissimi in abbinamento con il bianco o il crema, con il beige e il cammello, ma anche con il grigio, il verde militare (ormai sdoganato come neutro a tutti gli effetti) e persino con il blu scuro.

Il segreto è non esagerare con le dimensioni dell'accessorio o del capo *leo print*, in modo che a fargli da base, esaltandone tutte le virtù, ci sia la tinta unita del look sottostante.

Il segreto è non esagerare con le dimensioni dell'accessorio o del capo leo print, in modo che a fargli da base, esaltandone tutte le virtù ci sia la tinta unita del look sottostante.

CON I COLORI FORTI

Può sembrare un paradosso, ma una borsa o un paio di stivaletti leopardati si rivelano alleati potentissimi del look anche in abbinamento con alcune tinte decisamente forti, primo fra tutti il rosso.

Mi accorgo che ogni volta che vedo abbinato un dettaglio *leo print* al rosso mi incanto ad ammirarne l'effetto. Anche l'abbinamento con altri colori vivaci, come un arancio, un viola o un blu cobalto, risultano spesso interessanti.

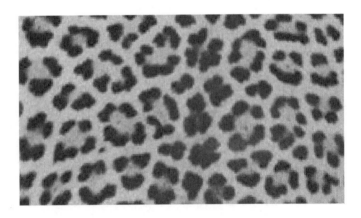

CON I TESSUTI GREZZI E/O VISSUTI

Tessuti come un denim délavé, magari persino rovinato o comunque vissuto, ma anche una bella tela grezza di colore verde militare o khaki, danno risalto per contrasto agli accessori a stampa leopardata.

CON I MATERIALI E I COLORI PIÙ BON TON

Il classico dei classici è, ovviamente, l'abbinamento che vede una bella borsa leopardata, ma anche un paio di stivaletti o di decolleté con questa stampa abbinati a un cappotto o a un maglione di cashmere cammello.

Anche l'abbinamento *leo* e tessuto scozzese sul rosso, o pizzo bianco, possono dare ottimi risultati.

IN MIX & MATCH, CON STAMPE COMPLETAMENTE DIVERSE

Ammetto di non ricorrere spesso a questi abbinamenti tra diverse fantasie, ma in teoria (ossia nelle molte foto di blogger e Instagrammer che indossano questo tipo di abbinamento) trovo davvero interessante il risultato: mi colpiscono in particolare gli accostamenti tra un accessorio o un dettaglio *leo print* e stampe come il camouflage sul verde oliva/khaki, il tartan (specie se vira al rosso), ma anche alcuni motivi floreali o le righe bretoni.

Sono sicuramente abbinamenti un po' estremi, che possono facilmente fallire miseramente e richiedono senz'altro un po' di studio, ma il risultato può essere indubbiamente di grande effetto!

Altro accostamento interessante e di carattere è quello tra il leopardato e il classico monogrammato che caratterizza borse e accessori della maison Louis Vuitton, di cui parleremo al prossimo capitolo.

L'abbinamento è talmente azzeccato che anni fa la stessa maison ha realizzato un foulard che abbinava tra loro le due stampe in modo sapiente. Decisamente un bel pezzo classico!

E con questo spero di aver sdoganato almeno un pochino la stampa leopardata in generale, togliendole un po' di quell'*allure* di «accessorio tamarro» che agli occhi di alcuni mantiene tutt'ora.

Alla fine, la moda è gioco e sperimentazione.
Per tutto il resto esistono gli specchi che
sicuramente ci aiutano a capire quando una
cosa è eccessiva o ci sta davvero male!

Il monogram Louis Vuitton

Da varie discussioni avute sia con amiche che nell'ambito di alcuni gruppi Facebook dedicati alla moda, ho imparato che un altro tema «caldo» tra le appassionate di moda è quello delle stampe monogrammate, prima fra tutte la più iconica e famosa di sempre: la tela canvas monogrammata delle borse di Louis Vuitton.

C'è chi detesta queste borse per partito preso, perché le vede unicamente come un mezzo per ostentare, in modo vistoso o addirittura volgare, una «firma». E poi c'è chi, invece, le ama visceralmente e colleziona accessori e persino capi d'abbigliamento «logati».

E poi ci sono quelle come me, che pensano che, al di là del fatto di essere espressione di un brand più o meno lussuoso o costoso, le stampe monogram possano avere una loro funzione decorativa ed estetica interessante all'interno di un look.

Oltre a essere espressione di un brand più o meno lussuoso o costoso, le stampe monogrammate possono avere una loro funzione decorativa ed estetica interessante all'interno di un look.

Spesso, le stampe e i tessuti monogrammati che resistono nel tempo hanno infatti alcune caratteristiche comuni:

- ✓ legano bene con molti colori comunemente utilizzati nell'abbigliamento
- ✓ si abbinano ai «colori» personali (capelli, incarnato, occhi) di molte persone (una sciarpa nel classico *check* Burberry, ad esempio, dona a moltissime persone e ne illumina il viso)
- ✓ sono l'espressione più conosciuta di brand comunque storici e di lunga data, al di là del fatto che piacciano o meno.

Insomma, possono essere considerati dei classici a tutti gli effetti.

Per questo ho pensato di esaminare un po' la più nota e diffusa (e anche, diciamolo, la più imitata) di tutte le fantasie monogrammate: quella di Louis Vuitton.

Personalmente, non essendo un'appassionata della *maison*, possiedo solo tre oggetti monogrammati di questo brand: una borsa modello Pochette Métis, un portafoglio Zippy che mi accompagna ormai da una quindicina d'anni e una stola color tortora chiaro (dove il *monogram* è peraltro poco visibile).

Dal punto di vista pratico, non posso che parlare bene di questa tela monogrammata:

- ✓ Il canvas Louis Vuitton è molto resistente e regge bene al tempo che passa
- ✓ È più o meno antigraffio
- ✓ Non è in alcun modo sporchevole
- ✓ Anche se non prettamente impermeabile, regge bene anche alla pioggia
- ✓ Non si decolora né deteriora nel corso del tempo

Ma veniamo all'abbinabilità del *canvas monogram* di Louis Vuitton, che poi secondo me è anche uno dei segreti del suo successo.

CON I COLORI CHE LO COMPONGONO

Ossia con il marrone, il caramello e una vasta gamma di colori che spaziano dal beige al sabbia e al cammello.

Per lo stesso motivo, il *canvas* dona particolarmente alle donne castane con riflessi sul caramello e alle bionde con riflessi miele.

Monogram ed eco pelliccia color caramello

CON TUTTI I COLORI NEUTRI

Se con il bianco e blu estivo è un vero classico, spicca bene anche sul nero (anche se molti suggeriscono di non indossare mai nero e marrone insieme, trovo che questa sia una lodevole eccezione), sul grigio, sul tortora, sul bianco e sul panna.

CON ALCUNE TONALITÀ NON NEUTRE

Amo in particolare l'abbinamento tra la tela monogrammata e il bordeaux e quello che vede questa fantasia accostata al verde militare, anche in versione camouflage.

CON ALCUNE FANTASIE

Ma il canvas monogrammato Vuitton sta molto bene anche con alcune fantasie, in particolare con il leopardato, con cui crea un bellissimo effetto.

Mi è capitato inoltre di vedere una borsa LV indossata in abbinamento a bluse e abiti a fiori o accostata ad altre fantasie, anche geometriche o a cravatta.

Anche se non sono abbinamenti che farei, stranamente una borsa Louis Vuitton monogrammata non risulta stonata neppure in quei casi.

Anche con la classica maglia bretone a righe bianche/blu, è perfetta, forse perché si tratta di due capi classici e senza tempo.

CON COLLI, GIACCHE E DETTAGLI IN (ECO) PELLICCIA

Infine, per la stagione fredda mi piace molto anche abbinato a **colli e giacche in (eco) pelliccia in tonalità neutre** che vanno dal beige al grigio.

Naturalmente, l'uso del classico monogrammato Louis Vuitton (ma anche di altre stampe monogrammate di brand famosi) ha anche qualche limite.

In particolare, trovo sempre particolarmente terrificanti i look basati su un'accozzaglia di più logo di brand diversi: nella mia città, ma anche altrove non è raro infatti assistere al fenomeno della «donna-logo».

Si tratta della donna che indossa simultaneamente, magari, una borsa monogrammata del brand in oggetto, una sciarpa scozzese di Burberry, una cintura di Gucci monogrammata e dalla fibbia vistosa e, ciliegina sulla torta, anche un bel paio di sneakers decorato da un enorme logo luccicante.

Tutte cose che, se ben dosate e utilizzate singolarmente, possono essere anche molto carine e gradevoli, ma che indossate insieme ottengono un risultato a dir poco... diabolico.

L'altro «no go», almeno per me, rientra sempre nella categoria del troppo che stroppia e consiste nel coordinare più cose con lo stesso logo, ad esempio cintura-borsa-sciarpa e, perché no, anche lo stivaletto alla caviglia monogrammato che quest'anno va tanto!

Anche in questo caso, seppure in modo diverso dal caso precedente, l'effetto risulta comunque devastante.

Per quanto riguarda l'acquisto di borse e accessori della storica maison francese, è sempre possibile trovare delle ottime alternative nell'usato di lusso.

A questo proposito, oltre ai negozi vintage di lusso presenti in molte città, consiglio vivamente di consultare anche le numerose alternative disponibili online:

- ✓ il gruppo Facebook italiano Pinkcorner, dove spesso oltre ai modelli di molte altre marche vengono messe in vendita borse Louis Vuitton di venditrici private.

  Il gruppo vanta anche un suo servizio di autenticazione online delle borse ed essendo un gruppo di acquisto e vendita tra privati non prevede commissioni. Per questo è spesso possibile trovare valide offerte.

- ✓ Oppure guardate la vastissima offerta di borse loggate disponibili su Vestiaire Collective, vintage store online di fama mondiale, raccomandato addirittura da Vogue con una vastissima offerta di modelli della maison.

Il pitonato

Qui: pantaloni pitonati

Dopo aver parlato di come abbinare le fantasie leopardate e «maculate» in generale ho pensato di dedicare un capitolo a un altro grande classico: le stampe «snake print» o pitonate.

Rispetto alle loro omologhe leopardate, le stampe pitonate hanno generalmente un sottotono beige-sabbia o panna che le rende, se usate bene, meno vistose del leopardato.

Personalmente vedo il pitonato leggermente più adatto anche ai mesi caldi dell'anno. Ma come altre stampe *animalier*, anche quella pitonata può risultare splendida proprio in abbinamento a capi e materiali «caldi» e tipicamente invernali, come una maglia di cashmere o un cappotto cammello scelto in un tono leggermente freddo, per esempio.

Passando agli abbinamenti, i miei preferiti sono:

- ✓ con i colori che compongono la stampa pitonata, quindi bianco, panna, beige, tortora, marrone scuro freddo

Bianco e pitonato, uno dei miei abbinamenti preferiti

- ✓ con il total black, da cui stacca in modo molto piacevole
- ✓ abbinato ad altri colori effetto «safari» (tanto per rimanere in tema animalier), come verde militare, khaki o sabbia

- ✓ accostato al denim (anche se in questi casi prediligo lavaggi delavé e il ricorso a capi più chiari per vivacizzare tutto il look)
- ✓ utilizzato come un neutro, abbinato a colori vivaci come il blu cobalto, l'arancio o il viola

Pitonato over 40? Basta non esagerare con il resto...

Forse più ancora che nel caso del leopardato, però, l'accostamento di più capi o accessori *snake print* in uno stesso outfit risulta spesso un po' pesante o eccessivamente *matchy-matchy*. E spesso, purtroppo, un outfit troppo abbinato (scarpe e borsa uguali ecc.) ha il potere tutt'altro che magico di invecchiare chi lo indossa.

Meglio allora abbinare ad esempio una borsa pitonata a scarpe o sandali di tonalità simile, ma tinta unita, magari scamosciate.

Non per niente molti stilisti e note maison di borse hanno realizzato modelli in cui hanno abbinato sapientemente un pellame ad effetto pitonato a pellami più neutri e tinta unita, come il camoscio tortora per esempio.

Disponendo già di accessori nelle stesse tonalità di colore, può essere interessante anche studiare un effetto mix & match (il classico *monogram* Gucci grigio chiaro, ad esempio, si abbina bene con una stampa pitonata nella stessa tonalità di fondo).

Come per altre stampe, anche nel caso del pitonato esistono mille sfumature diverse, nonché accessori (spesso pochette) di colori vivaci che possono contribuire a creare look interessanti.

Come per qualsiasi altra stampa o colore, conviene valutare diverse sfumature di pitonato e trovare quella più adatta al proprio incarnato e al proprio colore di occhi e capelli: anche nella versione «naturale», infatti, si trovano infinite sfumature – alcune più calde, altre che virano decisamente al grigio o addirittura al bianco e nero.

Forse più ancora che nel caso del leopardato, però, l'accostamento di più capi o accessori pitonati in uno stesso outfit risulta spesso un po' pesante o eccessivamente matchy-matchy. E spesso, purtroppo, un outfit troppo abbinato (scarpe e borsa uguali ecc.) ha il potere tutt'altro che magico di invecchiare chi lo indossa.

Le fantasie floreali

È stata una delle grandi tendenze moda dell'estate 2018 e sembra destinata a protrarsi ancora a lungo: sto parlando delle stampe floreali che invadono i negozi e le boutique, ma anche i social media e soprattutto le nostre strade!

Personalmente, lo confesso, sono più tipo da tinte unite o da stampe geometriche: le stampe floreali mi piacciono molto indossate da alcune donne, ma presentano anche il rischio, a volte, di rendere eccessivamente leziosa chi le indossa, di appesantire la figura o di regalare un'*allure* vagamente «*donzelletta*» / «*tea time nella campagna inglese*».

Ecco allora alcune idee per scoprire come indossare e abbinare al meglio i capi a fiori del momento.

Fare i giusti abbinamenti, secondo me, non è sempre facile quando parliamo di stampe floreali.

Il *floral print* può essere declinato in modi molto diversi e su diversi capi d'abbigliamento, dai pantaloni stampati agli abitini svolazzanti, lunghi o corti e dalle gonne alle T-shirt, dai costumi da bagno agli accessori - borse e scarpe incluse.

La gamma di stampe floreali è pressoché infinita e spazia da quelle più intense alle più impalpabili e delicate, da quelle a teneri fiorellini naif a quelle caratterizzate da grandi fiori distanziati da molta tinta unita: e scegliere quella che fa al caso nostro è solo questione di gusti personali.

Come sempre, le prime regole da seguire dovrebbero essere dettate dal buon gusto e sono perciò identiche a quelle valide per qualsiasi altra tendenza.

- ✓ La prima regola, secondo me, è quella di scegliere un taglio, un motivo e colori adatti al nostro tipo fisico, ai nostri colori personali (capelli, occhi e soprattutto incarnato), in modo da esaltare i nostri pregi e da minimizzare eventuali difetti.

In linea molto generale, un tessuto dai fiori grandi ha l'effetto di appesantire la silhouette, mentre un motivo a fiori piccoli sortisce l'effetto opposto, quello di snellire la figura.

Questa regola però va relativizzata con i «nuovi» tipi di motivi floreali: esistono ad esempio stampe a fiori grandi e un po' geometrici, molto distanziati tra loro, che regalano un effetto moderno, non ingrossano e donano praticamente a tutte.

Le prime regole da seguire per indossare al meglio le stampe floreali sono quelle del buon gusto e perciò identiche a quelle valide per qualsiasi altra tendenza.

Per quanto riguarda il tipo di tessuto, meglio evitare i tessuti che creano volume, preferendo invece quelli più leggeri e impalpabili, fino ad arrivare allo chiffon, che regala eleganza senza creare volume.

In fatto di abbinamenti, le scarpe possono essere scelte in un colore neutro oppure riprendere uno dei colori presenti nel tessuto.

Meglio evitare accessori fiorati ma diversi dal tessuto del vestito: creare un mix and match riuscito con due motivi floreali diversi, infatti, è molto difficile.

Meglio allora spezzare il motivo floreale con altre fantasie, come le righe o una t-shirt a motivo grafico, per esempio.

Ma vediamo quali sono i capi più «facili» da integrare nel guardaroba per sfruttare appieno il potere del *flower power*!

UN VESTITO A FIORI

Colorato e femminile, un abito è spesso il modo più semplice per creare un outfit floreale, perché non richiede particolari sforzi di abbinamento.

Per sua natura il floreale, se scelto con cura, copre inoltre una molteplicità di occasioni d'uso, da quelle più casual e quelle più eleganti.

UNA BLUSA A FIORI

Una blusa a fiori potete sempre abbinarla semplicemente a un jeans, blu, nero o bianco, e avete risolto. Aggiungete un bel paio di sandali, occhiali da sole e magari un blazer e avrete un outfit completo e di tendenza.

UN PAIO DI PANTALONI O UNA GONNA A FIORI

È un'ottima soluzione per chi, come me, non sempre si vede bene con un tessuto fantasia accostato al viso. Inoltre, un «sotto» accostato a un top o a una maglia tinta unita creano un look moderno e raffinato, debellando sia l'effetto *too much* che quello campagnolo o lezioso che un eccesso di *flower power* può regalare.

UN BIKINI A FIORI

Può essere un investimento furbo anche e soprattutto per chi ama «spezzare» i propri bikini, abbinando un sopra a fantasia fiorata a un pezzo di sotto a tinta unita – meglio se in un colore neutro o in una delle tonalità presenti nello stesso motivo floreale.

PER LE PIÙ TRENDY: UN KIMONO A FIORI

A me piacciono moltissimo, anche se finora il mio l'ho messo poco. Creano un effetto fantastico indossati sui jeans skinny o sugli shorts; l'importante è che, sotto, la silhouette rimanga sottile. D'estate, sono scenografici anche usati come copricostume, in spiaggia, con un paio di sandali.

La regola più importante è che il capo floreale che indossate sia il vero protagonista del vostro look – e perché spicchi al meglio creando un effetto moderno e di tendenza deve poter brillare di luce propria.

UN CAPOSPALLA A FIORI

Io ad esempio ho optato per un bomber a fiori, anzi per due: uno a sfondo nero con fiori colorati, l'altro a sfondo nero in mesh semitrasparente con grandi fiori bronzo.

Ma anche un blazer a fiori può essere un alleato perfetto per un look alla moda.

Quando si indossano capi o addirittura outfit completi a motivi floreali, è importante mantenere i gioielli molto sobri.

La regola più importante, infatti, è che il capo floreale che indossate sia il vero protagonista del vostro look – e perché spicchi al meglio creando un effetto moderno e di tendenza deve poter brillare di luce propria.

Per sua natura il floreale, se scelto con cura, copre una molteplicità di occasioni d'uso, da quelle più casual e quelle più eleganti.

CAPITOLO DODICI

Come vestirsi la sera

Sicuramente non capita solo a me: le occasioni sociali sembrano moltiplicarsi e diversificarsi di anno in anno, fino a raggiungere un vero picco in momenti particolari, ad esempio in occasione delle Feste o con l'approssimarsi dell'estate.

Ovviamente non tutte queste occasioni richiedono look super formali, almeno nel mio caso, ma è sicuramente sensato e anche divertente vestirsi in modo un po' più elegante e particolare in questi casi.

Ma quali sono i migliori look da adottare in queste occasioni, sfruttando anche e soprattutto quello che già abbiamo nei nostri armadi?

Per chi come me lavora può trattarsi di semplici aperitivi con clienti, fornitori e colleghi, ma anche di veri e propri eventi aziendali; poi ci sono molte occasioni private in compagnia di amici, parenti e vicini o di persone che fanno parte delle associazioni, dei club sportivi ecc. di cui facciamo parte e via dicendo.

In passato vivevo qualcuna di queste occasioni (come gli eventi professionali se conoscevo solo poche persone, per esempio) con una certa ansia che a volte si concentrava anche sulla ricerca look «perfetto» per la serata.

Negli anni fortunatamente, un po' con l'età e un po' con l'esperienza ho imparato a lasciare completamente andare questi inutili dubbi e timori e a divertirmi e a rilassarmi, concentrandomi su quello che davvero conta: lo stare insieme e il vivere e l'esprimere sentimenti di appartenenza, amicizia, gratitudine e apprezzamento per tutte le persone che ci sono vicine nel quotidiano e che ci supportano, fanno compagnia, dimostrano la loro amicizia, fanno ridere e spesso e volentieri ci insegnano qualcosa.

Questo mi ha indotto naturalmente anche a rilassarmi sempre di più sul fronte del «cosa mi metto»: se un tempo a volte compravo capi e accessori apposta per queste occasioni, oggi ho adottato invece la sana abitudine di infilare prima la testa nel mio guardaroba per vedere cosa posso mettere insieme con quello che già possiedo e solo in seguito, se proprio è il caso, a integrare con qualche pezzo mirato.

Devo dire che, sebbene la mia collezione per party e serate conviviali sia alquanto scarna rispetto a quella diurna o serale-casual, ho scoperto negli anni che alcuni capi basic possono essere abbinati a meraviglia con altri più serali, per dare vita a look molto gradevoli e sobriamente eleganti (e scongiurando oltretutto l'effetto «bardata a festa»), adatti a coprire almeno l'80-90 per cento di queste occasioni.

Per questo ho deciso di condividere qui alcune idee che si sono rivelate particolarmente efficaci e utili per creare look serali.

FATE UNA BELLA CERNITA DI QUELLO CHE GIÀ POSSEDETE

Magari vi sembrerà di non avere neanche un pezzo particolarmente adatto a cene, aperitivi e feste serali, ma spesso a cercare bene nel nostro guardaroba troviamo capi e accessori interessanti.

Quest'anno per farlo ho usato anche Stylebook (app a cui ho dedicato un capitolo apposito in questo libro), creando una sorta di guardaroba capsula serale che mi ha subito fatto capire quali erano i pezzi a mia disposizione (e anche quali erano le lacune).

Inoltre, se anche non riuscirete a trovare veri e propri capi serali nel vostro guararoba, magari vi accorgerete di possedere già una serie di pezzi basic che possono costituire un'ottima base per i vostri look e che andranno semplicemente completati, ad esempio:

- ✓ un bel paio di jeans scuri, skinny o di un'altra foggia che vi valorizza, non troppo rovinato
- ✓ stivaletti o tronchetti neri a tacco alto
- ✓ una classica camicia bianca con un taglio che vi valorizza: la stessa che magari mettete in ufficio e che, la sera, con il colletto rialzato, un bottone slacciato in più, orecchini di pietre trasparenti o una collana di

perle giganti sotto, le maniche un po' risvoltate e dei bei bracciali al polso si trasforma in un vero e proprio capo da sera e che può essere abbinato fantasticamente a mille cose: ancora jeans e tacchi, ma anche gonne lunghe plissettate, pantaloni di pelle, gonne di lurex ecc.

- ✓ un cappottino nero o bianco sfiancato
- ✓ una giacchina di pelliccia o eco pelliccia
- ✓ un abitino nero
- ✓ una camicia frou frou o magari floreale (molto di moda quest'anno) che, abbinata a pantaloni o gonna e cappottino rigorosamente neri e lisci, perde tutta la sua aria diurna per dare vita a un look molto attuale e moderno.

Vi manca qualcosa per realizzare un look serale perfetto?

TENETE PRONTE ALMENO UN PAIO DI «DIVISE»

Con divisa intendo una sorta di schema di base di un look che può essere poi interpretato a piacere. Le mie divise, per esempio, sono:

- ✓ skinny jeans o neri di tessuto + blusa elegante + ankle boot con un po' di tacco + cappottino slim/ecopelliccia corta + borsa piccola a tracolla o con la catena o clutch serale
- ✓ abitino nero confortevole appena sopra il ginocchio + stivali alti/overknees/stivaletti a tacco medio a metà polpaccio + cappottino + borsa piccola serale

CON IL TOTAL BLACK NON SI SBAGLIA MAI

Inutile dire che vestirsi di nero offre un sacco di vantaggi, che con l'illuminazione serale il nero dona a quasi tutte e che è facile illuminarlo ancora di più con uno o più dei seguenti accessori (meglio restare minimal anche sul fronte degli accessori, comunque):

- ✓ gioielli (veri o finti, ad esempio maxi orecchini di cristali Swarowski, li adoro)
- ✓ borse con la tracolla o con la catenella
- ✓ una piccola borsa o un dettaglio colorati o comunque a contrasto (oro, argento o rosso ad esempio)
- ✓ se fa davvero freddo, una stola o un collo di ecopelliccia

PROVATE UN TOTAL LOOK IN UN ALTRO COLORE

Con il nero non si sbaglia mai, ma è anche vero che lo sanno tutte. Perché allora non distinguersi e provare un total look in un altro colore?

Personalmente adoro il bianco invernale e da anni possiedo praticamente tutto in questo colore, dalla t-shirt bianca optical elegante di seta, indossabile anche di sera, al candido e caldissimo cappotto di cashmere.

L'impatto, tra l'altro, è assicurato: provate ad andare, non so, a teatro (fatto) o a un cocktail vestite di bianco: tra tutti quegli outfit neri brillerete di luce propria e si gireranno tutti a guardarvi!

Naturalmente ci sono altri fantastici colori da indossare la sera per un look monocromatico; l'altra sera ad esempio ho visto una signora con bellissimi capelli argento interamente vestita di grigio e argento *ton sur ton*, era uno spettacolo sotto le luci serali!

Anche il rosso (o il bordeaux, che dona a tante ed è molto di moda) o il blu royal e il blu cobalto sono fantastici per una serata, specie invernale; insomma, le alternative sono molteplici, basta scegliere un colore che ci doni.

GIOCATE CON I MATERIALI

Questa è banale, lo so, ma si possono creare fantastici outfit serali anche partendo da un paio di jeans un po' scuri ma vagamente vissuti e abbinandoli a contrasto a materiali più eleganti che fanno subito sera/festa, come il velluto (tornato di gran moda), il pizzo (personalmente non lo amo troppo, ma lo vedo indossato benissimo da molte donne), l'(eco)pelliccia, la seta e (se usate con misura) persino le piume.

GIOCATE CON I TESSUTI

Per me, un look da un milione di dollari (vedi anche il punto 3 qui sopra) è quello realizzato in un solo colore, ma abbinando tessuti, trame e *texture* diverse: un blazer operato su un «sotto» più liscio per esempio, un gilet di pelliccia dello stesso colore del sotto, dettagli luminosi, paillettes, tessuti lucidi, trasparenze e stoffe lavorate abbinati ad altri materiali più ruvidi e opachi.

Tra l'altro, questi look monocromatici e testurizzati regalano sempre un'aria lussuosa, anche con poca spesa.

INVESTITE IN UN CAPO PAILLETTATO (O IN UN COLORE CHOC)

Su di me preferisco di solito indossare tessuti poco vistosi accostati al viso; per questo, ad esempio, opto più spesso per una gonna paillettata che non per un top.

Ho anche una blusa rosso fuoco di Alexander Wang che ogni tanto sfodero e che si presta a vari abbinamenti: con skinny neri e tacchi alti o in un look *total white*, accompagnata da orecchini chandelier in cristalli di vetro nella stessa tonalità di rosso, per esempio.

LE BORSE A TRACOLLA CON LA CATENA RENDONO SERALE QUALSIASI OUTFIT

La loro natura serale ed elegante le rende tra l'altro perfettamente abbinabili a un paio di jeans un po' vissuti.

Ma la tracolla un po' lunga, secondo me, ha anche il potere di slanciare un pochino esaltando il punto vita, specie se il cappotto indossato è un po' oversized, come quelli che usano adesso.

Il top del top sono le clutch a catena (se ne trovano di belle a qualsiasi budget, da quelle molto carine proposte da Zara ad alcuni meravigliosi modelli di Yves Saint Laurent) che possono essere tenute in mano finché non ci si stanca e poi essere indossate a tracolla.

GLI ACCESSORI SONO FONDAMENTALI

Tra i miei preferiti per trasformare un look serale ci sono:

- ✓ orecchini vistosi di cristalli di vetro o che catturano bene la luce artificiale e la riflettono, illuminando il viso
- ✓ borse piccole con tanto hardware, oro o argento a seconda delle vostre preferenze
- ✓ le scarpe (non sono un'esperta ma un bel tacco alto o uno stivaletto con dettagli luminosi non guastano mai
- ✓ una bella collana, per chi le usa
- ✓ un orologio con il cinturino in metallo che valorizza un bel polso sottile
- ✓ ovviamente, capelli e trucco (soprattutto un bel rossetto rosso… io devo ancora lavorarci, ma intanto lo ammiro sulle altre. Il colore giusto ha il potere di rendere speciale un look di per sé banale, a volte.)

FATE UN NUOVO ACQUISTO (E POI SFRUTTATELO AL MASSIMO)

Va bene essere minimalisti e cercare di sfruttare al meglio le cose belle che già possediamo, ma fare qualche acquisto è lecito!

Io cerco di concentrarmi su singoli pezzi che possono essere abbinati in più modi (idealmente, almeno in tre o quattro diversi outfit).

Quest'anno la mia scelta è caduta su una blusa *frou frou* bianca, con il davanti tutto lavorato a volant e nastrino da legare a fiocco (che si può lasciare aperto, trasformando il capo in qualcosa di diverso, meno bon ton e più adatto a una serata) e polsini di velluto nero.

Nella versione castigata e con fiocco allacciato si presta bene per il lavoro, ma di sera, abbinata a un paio di skinny neri o di denim scuro, a una gonna nera a tubino, a un paio di pantaloni a sigaretta bianco panna e con il fiocco e un bottone in più lasciati aperti, diventa un'altra cosa.

Insomma, scegliete un trend del momento che vi piace e che soprattutto vi dona, investite in un capo perfetto per la vostra tipologia fisica, i vostri colori e il vostro stile, e abbinatelo con il maggior numero di outfit possibile!

SFRUTTATE IL POTERE DEI CONTRASTI

Le luci serali hanno il potere di enfatizzare i contrasti di colore rispetto al giorno, per questo ci sono abbinamenti cromatici che la sera risaltano molto di più: dal classicissimo bianco e nero, al rosso e nero, blu china e nero, bianco e oro, bianco e argento ecc.

Per scongiurare l'effetto cameriere del bianco e nero, basta giocare con i tessuti e con le percentuali di colore, abbinando stoffe diverse tra loro e combinando le due tonalità in modo che una delle due risulti dominante.

PROVATE UNA CAPPA, UNA GIACCHINA CORTA DI ECOPELLICCIA O UN CAPPOTTO O UN PIUMINO CON COLLO DI PELO

Indossati sopra a qualsiasi cosa, anche ai jeans più distrutti, e abbinati a un paio di tacchi questi capispalla regalano subito un'aria elegante e, se fa freddo, hanno anche il potere di tenervi al caldo.

Per scongiurare l'effetto cameriere del bianco e nero basta giocare con i tessuti e con le percentuali di colore, abbinando tessuti diversi tra loro e combinando le due tonalità in modo che una delle due risulti dominante.

Infine, qualche libro ricco di spunti e idee:

- ✓ How to Look Expensive: A Beauty Editor's Secrets to Getting Gorgeous Without Breaking the Bank
- ✓ Choosing the Simply Luxurious Life: A Modern Woman's Guide
- ✓ How to get dressed
- ✓ The Glam Guide

CAPITOLO TREDICI

Come vestirsi per apparire più magre

Noi donne, si sa, siamo cicliche e mutevoli in un sacco di cose, incluso molto spesso il nostro peso, che nell'arco della vita (e spesso anche su intervalli di tempo molto più brevi) tende a oscillare almeno un po'.

Ma cosa fare quando i chili in più sono di più, non ci riconosciamo più allo specchio e, soprattutto, buona parte del nostro guardaroba sembra essere diventato improvvisamente inutilizzabile?

Tempo fa mi è stato chiesto da una lettrice di scrivere un post di consigli su come vestirsi per sembrare più magre per il blog che ho pensato di inserire, arricchendolo, anche in questo libro.

Tutti i consigli elencati di seguito sono il frutto di esperienze personali fatte al riguardo o della lettura degli ottimi suggerimenti forniti da note stylist.

LOVING YOURSELF IS THE GREATEST REVOLUTION

Come mamma di due figli di 18 e 21 anni, naturalmente, ho avuto anch'io la mia bella dose di ingrassamenti e successivi dimagrimenti, ma erano legati a un motivo ben preciso (le gravidanze) e riguardavano soprattutto il girovita.

Inoltre, in caso di dolce attesa «grasso è bello», per fortuna, ed esiste anche un vasto mercato per l'abbigliamento specifico.

Quanto meno oggi, ai miei tempi la scelta era decisamente più limitata.

Poi c'è stato un periodo della mia vita in cui avevo due figli piccoli e tanto, tantissimo lavoro. Lavorando in proprio e trovandomi in una fase di boom della mia attività non mi sentivo nelle condizioni di dire troppi no, così accumulavo ore su ore di lavoro, oltre a voler fare comunque quasi tutto io per i miei figli; avevo una tata, non sempre valida nel sostituirmi, e qualche ora di aiuto domestico settimanale, quindi ero abbastanza fortunata, ma la fatica era comunque tanta.

In tutto questo mi sono ammalata: un'influenza di quelle brutte, lunghe e debilitanti, che mi ha lasciato lunghi strascichi di sinusite.

Non respiravo, ero costantemente sovraffaticata, stanca, anemica (come ho scoperto poi facendo gli esami) ma, soprattutto, completamente dimentica di me stessa e delle mie esigenze. E a un certo punto, nel giro di poco tempo, mi sono ritrovata con quasi 10 kg in più.

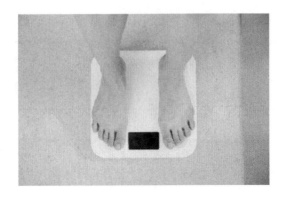

Come mi ha spiegato poi l'endocrinologo, essendo debilitata e al limite delle mie energie, il mio corpo cercava di compensare la mancanza di forze inducendomi a mangiare tantissimo.

Tutto questo succedeva circa 16 anni fa e ricordo ancora che all'epoca il mio capo feticcio era una gonna midi di vellutino a coste di Sisley cammello, tagliata di sbieco, che aveva il magico potere di slanciarmi parecchio. Praticamente indossavo solo quella, vedendomi bruttissima con quasi tutto il resto.

Poco tempo dopo ho fatto tutte le analisi e, piano piano, con una dieta bilanciata, in tre mesi abbondanti ho riperso tutto. Da allora cerco di mantenere il mio peso più o meno stabile con il buonsenso e uno stile di vita abbastanza sano, evitando diete di qualsiasi tipo.

Insomma, non ho sbalzi di peso estremi né dimagrimenti davvero radicali al mio attivo, ma so perfettamente come ci si sente quando niente nel nostro guardaroba sembra andarci bene!

Detto questo, ecco una serie di consigli e idee per valorizzarci qui e ora, con il nostro fisico attuale, slanciando la figura e valorizzando i nostri punti di forza!

1 - RIORGANIZZATE IL GUARDAROBA

È una regola che vale sempre, ma in particolare in caso di aumento di peso: è sempre opportuno vestirsi per il qui e ora.

Riorganizzare l'armadio e togliete di mezzo

- ✓ gli abiti troppo piccoli e/o stretti
- ✓ alcuni abiti che vanno ancora bene, ma non vi donano
- ✓ altri abiti che vanno ancora bene e magari vi donano anche come colore e tipologia, ma hanno tagli sfavorevoli per il vostro fisico
- ✓ le scarpe strette (quando si prende peso spesso si cambia anche misura del piede; a me è capitato

durante entrambe le gravidanze, sono passata dal 36 al 37)
- ✓ gli abiti troppo larghi o comunque informi, che non ci valorizzano e non definiscono il punto vita.

Regalate subito tutto quello che non vi piaceva/donava neppure prima, quando pesavate meno (e siate sincere con voi stesse nel farlo!), e conservate temporaneamente altrove i vostri abiti da «magre» che ancora vi piacciono.

2 - LA MISURA NON CONTA (VERAMENTE!)

Sforzatevi di non dar peso alla taglia – e non solo perché varia moltissimo da un marchio all'altro, ma perché davvero non è importante.

Quello che conta – non solo in caso di aumento di peso ma sempre – è come ci stanno i vestiti. Se il numerino sull'etichetta vi fa sentire a disagio – zac! – tagliatelo via e dimenticatevene. L'importante è che vi sentiate belle, sexy e a vostro agio!

Al tempo stesso, evitate di comprare taglie "over" solo perché avete preso alcuni chili: spesso si rischia di commettere l'errore opposto e ingoffarsi non aiuta affatto a sembrare più magre, anzi.

Se necessario, fate adattare i capi che usate di più da una brava sarta.

E quando fate shopping online e siete indecise, comprate direttamente le due taglie e tenete poi quella che vi sta meglio. È come vi sta addosso un capo – e non la taglia – a farvi sentire belle.

3 - LESS IS MORE

Spesso l'istinto è quello di acquistare e indossare capi d'abbigliamento ricchi di tessuto e drappeggi – adatti a nascondere le forme. Errore! Non funziona praticamente mai.

Meglio scegliere capi d'abbigliamento dalle linee semplici e pulite (che, *by the way*, sono quelle che valorizzano al meglio qualsiasi tipo di fisico) evitando un eccesso di fronzoli.

Ideali anche i capi che cadono leggermente morbidi, ma vestono perfetti di spalle e definiscono, senza stringerlo, il punto vita.

4 - OCCHIO AL COLLO

Prediligete le scollature e le collane che tendono ad allungare il busto, creando quindi un effetto snellente. Quello che volete ottenere è un senso di verticalità: via libera quindi a scollature a V, eventualmente a cascata, incrociata e a collane lunghe che scendono a punta, creando appunto una linea verticale.

Due i vantaggi: allungano la linea del collo facendovi apparire più alte e attirano l'occhio sul punto vita, la parte comunque più stretta del corpo, facendovi apparire più proporzionate.

5 - ATTENZIONE ALLE LUNGHEZZE

Credit: @whowhatwear.com

Ognuna di noi ingrassa in modo diverso, io per esempio se metto su peso tendo a rimanere snella di gambe e fianchi e ad accumulare invece in zone poco piacevoli, come la pancia (le classiche maniglie dell'amore), la schiena (sigh) e un po' le braccia.

Per chi tende a ingrassare in questo modo, un trucco che funziona è quello di utilizzare top e pezzi da indossare sopra lunghi ai fianchi e un po' fascianti, che tendono ad allungare e slanciare il busto, riproporzionandolo rispetto alle gambe snelle.

Se invece le zone problematiche sono cosce e fianchi... Quest'anno gli abiti midi e maxi sono di gran moda!

In ogni caso, la regola generale con gonne e abiti è quella di scegliere lunghezze che terminino nel punto più snello della gamba. Basta fare qualche prova, potete anche provare ad applicare la formula indicata sopra.

6 - NON SOLO NERO

Personalmente sono una grande fan del nero: amo indossarlo, mi sta abbastanza bene e sì, è vero che snellisce.

Ma non è l'unico colore ad avere questo superpotere: anche blu scuro, grigio medio, verde militare scuro, bordeaux e altre tonalità scure, specie se indossate in versione *total look*, producono lo stesso effetto.

Persino i colori chiari, se indossati «a colonna» (ossia scegliendo capi dello stesso colore sopra e sotto), hanno il potere di slanciare la figura.

Un altro trucco strategico può essere quello di abbinare il nero ad altri colori, utilizzandolo in modo mirato per slanciare e ridurre visivamente le aree che riteniamo più problematiche e ricorrendo invece a colori più chiari per quelle più snelle.

Anche gli accessori colorati aiutano: possono deviare l'attenzione e soprattutto illuminare il viso, togliendo anni e agendo come una sorta di lifting naturale.

7 - OCCHIO ALLE SCARPE

Qualche centimetro di tacco dona a tutte, se poi le scarpe sono scelte in una tonalità nude (quella più adatta al nostro incarnato) allungano e slanciano chiunque.

Anche decolleté e stivaletti a punta hanno un effetto slanciante, così come abbinare la scarpa al colore dei pantaloni.

Qualche centimetro di tacco dona a tutte, se poi le scarpe sono scelte in una tonalità nude (quella più adatta al nostro incarnato) allungano e slanciano chiunque.

8 - STUDIATE LE FORMULE

Non quelle matematiche, ma quelle dei vostri outfit: una volta fatto qualche esperimento, definite 2-3 «divise» e silhouette con cui vi sentite belle a vostro agio. Sarà più semplice, a quel punto, trovare infiniti modi per replicarle, e sembrare comunque vestite in modo sempre diverso.

Inoltre, avere delle divise donanti aiuta anche a fare shopping mirato, evitando acquisti sbagliati.

9 - FATE SHOPPING

Ovviamente se anche avete preso peso non significa che dovete per forza fustigarvi su questo fronte. Vale però assolutamente la regola numero 1, quella del «qui e ora»: da evitare gli acquisti per «quando saremo magre», anche e soprattutto quelli autopunitivi, stile «voglio nascondermi in un sacco di juta».

Vestitevi per come siete adesso, privilegiando magari acquisti che possano adattarsi nel tempo a un fisico più snello, se avete intenzione di perdere il peso accumulato.

Ottimi in questo caso tessuti con una buona percentuale di stretch, i tessuti Ponte oppure le linee che potranno essere facilmente adattate da una brava sarta, se ne vale la pena.

10 - RESTATE FEDELI A VOI STESSE

Capita di ingrassare, fa parte della vita di quasi tutte le donne, prima o poi. Non è un valido motivo per abbandonare il nostro stile, i nostri gusti e tutto quello che abbiamo sempre amato!

Vi è sempre piaciuto vestire di bianco, amate le righe orizzontali o le gonne corte sopra il ginocchio? Non c'è motivo di rinunciare, esistono capi dal taglio intelligente e adatti a voi in tutte le taglie.

Senza dimenticare che un bel viso ben truccato e dei bei capelli sono punti di forza che catalizzano l'attenzione e regalano fascino ben più di qualche rotolino in meno o della totale assenza di cellulite e sono punti di forza che nessun aumento di peso potrà mai portarci via.

Ergo, valorizzateli al massimo e sarete bellissime!

> *Capita di ingrassare, fa parte della vita di quasi tutte le donne, prima o poi. Non è un valido motivo per abbandonare il nostro stile, i nostri gusti e tutto quello che abbiamo sempre amato!*

Adoro i decaloghi, per cui non aggiungerò altri punti a quest'elenco ma... Ancora due cose: fare attività fisica è fondamentale sempre, tanto più in caso di aumento di peso.

Non solo per riconquistare gradualmente la forma fisica e dimagrire meglio e più velocemente, ma perché ha un effetto quasi istantaneo sull'umore e sulla percezione che abbiamo del nostro corpo, regalandoci fin dai primi momenti un'iniezione di fiducia in noi stesse: e questa, assieme al bene che dovremmo volerci sempre, è il vero ingrediente magico della nostra bellezza e soprattutto della nostra felicità.

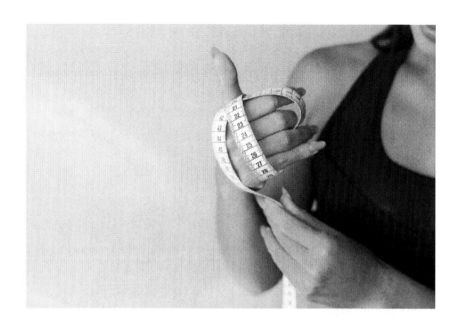

Lo sapevate?

Il post dedicato al tema di questo capitolo, apparso la prima volta quasi due anni fa sul blog No Time for Style, è tuttora **uno dei tre articoli più letti di sempre**. Segno che moltissime di noi si vedono almeno qualche volta confrontate con il problema di valorizzarsi al meglio anche con qualche chilo in più.

A grandissima richiesta delle lettrici del blog, è nato perciò il grande manuale digitale **"Come sembrare più magre... e tutti i trucchi per essere in forma davvero"**.

Lo trovate nella sezione "**Prodotti**" del blog No Time for Style.

Infine, qualche altro libro interessante per approfondire l'argomento:

- How to never look fat again: over 1000 ways to look thinner
- Trinny & Susannah – The Body Shape Bible

CAPITOLO QUATTORDICI

Come mantenere nel tempo uno stile chic e personale

Sono passati alcuni anni ormai dalla decisione – mai rimpianta – di cambiare il mio modo di fare shopping.

Oggi mi ritrovo con un guardaroba decisamente più arioso, ma che contiene ancora diverse cose che di fatto non metto da almeno un paio di stagioni e inspiegabilmente non riesco a dare via.

Ho cercato di analizzare il perché di questa mia esitazione a dare via le cose e penso che si tratti di un mix di fattori:

- ✓ **senso di colpa** per aver comprato cose che poi ho usato poco, o che ho usato tanto per un periodo, pensando che mi sarebbero piaciute per sempre, e ora invece non uso più
- ✓ l'idea del «**e se un domani, magari, mi servisse?**» Ovviamente, ammesso che quel momento arrivi davvero, per allora avremo sicuramente cambiato gusti, oppure avremo trovato soluzioni più adatte e attuali pronte all'uso. Ma anche questo, lo so benissimo, ma non sempre aiuta.
- ✓ **il fatto che, in teoria, l'oggetto incriminato «funziona», ossia appaia utile e adatto a noi:** mi sta bene, è adatto alla mia fisicità e ai miei colori personali,

è ancora attuale, è in buone condizioni, non richiede riparazioni ecc. E allora perché non lo metto?

Bella domanda! La risposta più plausibile che, anche in assenza di difetti, il mio guardaroba è ancora abbastanza grande da offrire comunque delle opzioni ancora migliori.

Detto questo e a mia parziale difesa, devo dire che il mio guardaroba continua, seppur lentamente, a restringersi. Siccome però continuo anche a comprare qualcosa di nuovo quasi tutti i mesi, la riduzione è comunque lenta.

Altro fenomeno positivo, ora mi capita effettivamente di scartare dei capi di abbigliamento o degli accessori perché usurati, una cosa che prima non sperimentavo quasi mai.

Eppure... Non dovrebbe essere normale, usare almeno una parte delle nostre cose finché non è rovinata?

Insomma, mi sono resa conto che, realisticamente, quello del guardaroba moderato e dello shopping intelligente è un processo che, in fondo, non finisce mai.

L'happy end promesso da libri come *Il magico potere del riordino* di Marie Kondo, a mio parere, non esiste.

Nessun «E vissero felici e in sobrietà» che arriva all'improvviso, semplicemente perché abbiamo raccolto uno o più sacchi di vestiti da regalare, al grido di «*Do I love it? Does it spark joy?*».

Il desiderio di cose nuove e luccicanti, di farci una coccola sotto forma di nuovi acquisti, di uscire dalla noia anche soltanto con un paio di scarpe nuove fa parte di noi, non sparisce da un giorno all'altro.

Mi sono resa conto che, realisticamente, l'aspirazione verso un guardaroba ottimale e uno shopping moderato è un processo che, in fondo, non finisce mai.

Come in tanti altri ambiti, pertanto, per migliorare e progredire è necessario lavorare un pochino su sé stessi, sempre che lo si desideri.

In questo caso può essere un processo affascinante e anche divertente. Per scoprire, attraverso cose apparentemente frivole, qualcosa di nuovo di noi stesse.

Il desiderio di cose nuove e luccicanti, di farci una coccola sotto forma di nuovi acquisti, di uscire dalla noia anche soltanto con un paio di scarpe nuove fa parte di noi, non sparisce da un giorno all'altro.

Per questo mi sono subito chiesta come rendere un po' più dinamico e divertente questo processo e ho elaborato, anche in base alla mia esperienza, queste soluzioni:

1 – Esaminare un capo o un accessorio alla volta e sforzarsi di indossarlo davvero, almeno per un giorno.

Questo serve soprattutto nei casi in cui, «sulla carta», sembra funzionare tutto, ma di fatto l'oggetto in questione non viene mai usato.

Io l'ho fatto molto in passato e ora che ne ho meno l'esigenza continuo a farlo. L'ho fatto quest'autunno, sfidando me stessa a indossare per una settimana, ogni giorno, una Balenciaga City rossa che avevo da diversi anni e usavo pochissimo.

L'esito è stato che sì, ho amato per molti anni questa borsa, l'ho usata tanto tempo considerato che è colorata, ma ho anche capito che era arrivato il momento di lasciarci.

Detto fatto, l'ho messa in vendita su *Vestiaire Collective* e ho trovato una nuova compratrice nel giro di una settimana.

Ora sto facendo la stessa cosa con capi d'abbigliamento che da alcune stagioni uso poco, come nel caso della blusa della foto che invece ho deciso di tenere: la foggia è ancora attuale, i pois sono di tendenza, credo mi stia ragionevolmente bene e ogni tanto penso che la metterò. In più è di seta.

Sfidarsi a indossare un capo o un accessorio che non si usa più da molto tempo spesso è l'unico modo per capire se è arrivato il momento di separarsene. E fare qualche selfie indossando l'oggetto incriminato aiuta a decidere...

2 – Fare dei mini riordini limitati a singole aree del guardaroba

Diversamente da quanto suggerito da varie guru del decluttering come la Kondo, penso che esaminare ad esempio tutte le bluse o le T-shirt o i jeans blu che possediamo in un colpo solo, tralasciando il resto, consenta di fare confronti più diretti e mirati, capendo subito cosa non funziona o se una cosa è meglio dell'altra, pur molto simile. È l'occupazione ideale per una domenica piovosa, per esempio.

Pinterest, con la sua serie inesauribile di spunti, può essere molto utile in questo: digitate il nome dell'oggetto incriminato e vedete cosa sputa fuori, potreste scoprire che il capo o l'accessorio trascurato è ancora attualissimo, se ben abbinato, e vi piace un sacco.

3 – Imporsi la regola del fuori 2, dentro 1

Per chi, come me, non scarta facilmente e a cuor leggero le cose che già possiede, questa regola funziona benissimo, perché mi rendo conto subito se sto tenendo una cosa perché davvero penso di indossarla oppure se sto solo trovando un sacco di scuse.

4 – Mettere in vendita le cose belle, firmate e/o di qualità, senza farsi illusioni

Le scarpe logore e consumate di Zara non le venderete mai, la Vuitton vecchiotta e un po' vissuta, ma in un modello classico invece sì. Se potete vendere facilmente un oggetto usto che non volete più, fatelo: non tanto per il lato economico (pur apprezzabile) della cosa, ma perché placa eventuali sensi di colpa.

5 – Ricorrere a giustificazioni razionali che ci aiutano a lasciar andare le cose

A me ad esempio aiuta pensare che, se anche possiedo cose che razionalmente andrebbero ancora bene, ma non uso, ho già pagato abbastanza per loro. In termini di prezzo iniziale, di manutenzione, di spazio nel guardaroba, di tempo speso a pensare a come usarle ecc.

Davvero dobbiamo pagare ancora? Oppure, se il problema è il pensiero che potrebbero servire ancora in futuro, pensate ad altre soluzioni per la stessa occasione d'uso: se avete delle alternative migliori, scartate.

> You have paid enough.
>
> bemorewithless.com

A questo proposito, a me è piaciuto moltissimo questo <u>post di Courtney Carver</u>, autrice dell'interessantissimo blog Be More With Less, davvero utile.

E se volete davvero costruire un guardaroba ideale dalle fondamenta oppure semplicemente ottimizzarlo, vi consiglio anche questi ottimi libri:

<u>The Curated Closet</u> (forse il migliore mai letto, davvero ben strutturato e pieno di consigli utili)

<u>La Parigina. Guida allo Chic</u> (un grande classico della divina Inès de la Fressange)

Nell'ultimo capitolo di questo libro trovate una scelta più ampia e ragionata di libri utilissimi su questi argomenti.

CAPITOLO QUINDICI

Conoscete Stylebook?

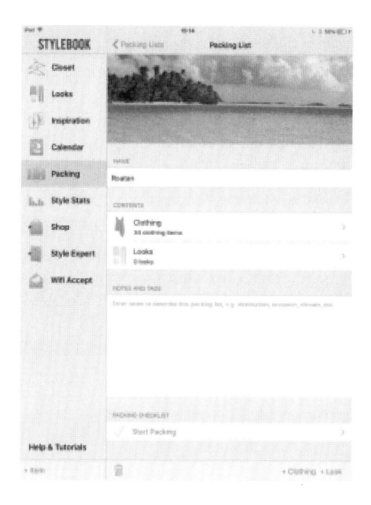

Un paio di anni fa, in un gruppo Facebook americano sull'organizzazione del guardaroba e lo shopping ragionato, ho scoperto **l'app Stylebook** che al prezzo di un paio di euro/franchi/dollari può diventare un utilissimo strumento per la gestione del guardaroba e dello shopping modaiolo.

Molti trovano Stylebook utile anche per curare il proprio stile e usano quest'applicazione ad esempio per

- ✓ visualizzare in un istante i possibili abbinamenti per un singolo capo o accessorio
- ✓ ripescare rapidamente look già sfoggiati
- ✓ visualizzare tutte le opzioni a disposizione per un determinato colore o una determinata tipologia di oggetto
- ✓ comporre ipotetici outfit in vista di particolari occasioni, vacanze, viaggi, serate ecc.

Insomma, Stylebook potrebbe piacere molto anche a chi, da bambina, giocava con passione a «Gira la moda»!

Essendo piuttosto caotica e portata più all'improvvisazione che alla pianificazione a tavolino, ho trovato Stylebook utile soprattutto come strumento di catalogazione del guardaroba e di autoanalisi.

Nel tempo, l'app mi ha infatti fornito dati interessanti sul mio stile e comportamento di consumo, fornendomi informazioni come

- ✓ i capi e gli accessori che sfrutto di più in assoluto (nel mio caso, jeans, scarpe, borse e cappotti) e, fra questi,

le tipologie usate più spesso (skinny in denim di vari lavaggi, skinny bianchi, cappotti neri e blu scuri, le mie due borse Chanel e alcune altre borse, sandali e ankle boots)
- ✓ i 25 oggetti con il miglior/peggior «cost per wear» (vincono i jeans e perdono a sorpresa alcune bluse e top, anche low cost)
- ✓ gli «scheletri nell'armadio», ossia quei capi e quegli accessori che non ho mai messo o che ho indossato molto poco
- ✓ alcune cifre nude e crude che mi mostrano ad esempio che ho troppe bluse e altre tipologie di top, mentre sono sfornita di abitini.

Il cost per wear, o costo per utilizzo, è dato dal prezzo d'acquisto di un oggetto diviso per il numero di volte in cui l'abbiamo usato. È un numerino interessante che la dice lunga sul nostro modo di fare shopping: ci mostra infatti in soldoni che, a volte, spendere di più al momento dell'acquisto equivale a risparmiare tanti soldi più avanti.

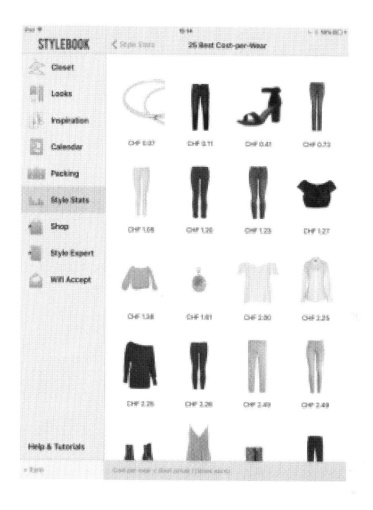

Un po' come un diario alimentare durante una dieta, questo processo continuo di analisi, che Stylebook realizza da solo rendendo la cosa anche divertente (basta un piccolo investimento di tempo iniziale per inserire le foto dei capi e degli accessori che si possiedono e poi mezzo minuto al giorno per registrare il proprio look), mi ha portato gradualmente e naturalmente a comprare sempre meno nel corso del tempo. E, soprattutto, a comprare cose sempre più azzeccate che vanno a colmare reali lacune del mio guardaroba.

Insomma, se volete razionalizzare gli acquisti e trarre più soddisfazione dallo shopping, Stylebook può rivelarsi un prezioso alleato.

Ma Stylebook è utile anche per viaggi e vacanze: dispone infatti di una pratica sezione «Fai le valigie» (non ricordo il titolo inglese), dove inserire la propria lista delle cose da portare in vacanza. A volte mi capita di ripescare vecchie «valigie delle vacanze» e di ispirarmi a queste per fare i bagagli.

Stylebook offre naturalmente molte altre funzioni, che trovate descritte sul sito dell'app.

Io mi sono limitata a elencarne alcuni vantaggi che si sono rivelati utilissimi per me.

Concludo dicendo che sono l'opposto della persona metodica, ben organizzata, maniaca dell'ordine e della catalogazione, eppure – o forse proprio per questo – da due anni circa utilizzo Stylebook (venti secondi al giorno, davvero non ci vuole di più!) praticamente non stop e con grande soddisfazione.

Posso dire senza ombra di dubbio che mi ha fatto risparmiare davvero tanto, aiutandomi a fare acquisti più intelligenti.

CAPITOLO SEDICI

Per finire: qualche risorsa utile

Stile, moda e decluttering: i libri migliori

Ho pensato di raggruppare qui alcuni titoli di libri che mi sono piaciuti particolarmente e, vista la miriade di titoli in circolazione, li ho divisi per categorie.

I Senza Tempo

Ho raggruppato qui i libri che parlano di personal style basandosi sulle tradizionali regole dell'eleganza e dello stile, partendo dall'unicità che caratterizza ogni donna e chiamando in causa forme fisiche, colori personali, accostamenti sempre vincenti e tutto ciò che rende intramontabili (o quasi) alcune regole dell'eleganza.

Facendo qualche ricerca, mi ha fatto molto piacere scoprire che il primo libro dell'elenco, che ho letto in francese anni fa, è stato tradotto nel frattempo anche in italiano, perché l'ho trovato piacevolmente stringato, simpatico e motivante.

Oltre ai titoli citati, sia Nina Garcia che Brenda Kinsel, donna impeccabilmente elegante la prima e personal stylist dalla grande professionalità la seconda, hanno scritto anche libri che potrebbero rientrare a ragion veduta in questa categoria.

- Guida all'armadio ideale (Laure Gontier)
- The Style Strategy (Nina Garcia)
- The little black book of style. Ediz. italiana (Nina Garcia)
- Brenda's Bible: Escape Fashion Hell and Experience Heaven Every Time You Get Dressed (Brenda Kinsel)
- The EveryGirl's Guide to Life (Maria Menounis)

Gli Italiani

Categoria decisamente sottorappresentata nella letteratura dedicata allo stile e all'eleganza (forse perché per le italiane sapersi vestire è spesso un dono innato? Ma come si spiega allora la miriade di manualetti della moda ad opera di autrici francesi?), sforna in genere libri meno didattici e più creativi, caotici e fantasiosi.

Un elegante piccolo libro che ho scoperto qualche tempo fa e che mi ha letteralmente entusiasmato proprio per la sua rarità – e anche perché è la prima risposta diretta alla moltitudine di libri sul «french chic» scritta da un'italiana – è «The Cheat Sheet of Italian Style» di Francesca Belluomini (ha anche un blog, molto elegante e curato, proprio come lei: http://www.chicfb.com/)

- A tutto stile! (Irene Colzi)
- The Blonde Salad. Consigli di stile dalla fashion blogger più seguita del web (Chiara Ferragni)
- The Cheat Sheet of Italian Style: Confidence and Sustainable Chic in Ten Struts (Francesca Belluomini)

I Francesi

Qui i titoli si sprecano, basta andare su Amazon e googlare termini tipo "french chic", "french wardrobe", "parisian chic" eccetera. La mia teoria è che il mito della francese chic sia stato creato dagli americani – non perché le francesi non siano chic, beninteso, ma perché sono gli americani ad aver estrapolato dallo stile francesi principi che un'italiana definirebbe banalmente di buon gusto.

In ogni caso, molti di questi volumi sono comunque piacevoli, chic e utili da leggere e hanno il pregio di invogliare a una maggiore sobrietà – negli acquisti e nel look.

- La parigina. Guida allo chic (Inès de La Fressange)
- Come mi vesto oggi? Il look book della Parigina (Inès de La Fressange)
- Choosing the Simply Luxurious Life: A Modern Woman's Guide (English Edition) .
- Come essere una parigina. Ovunque tu sia (Sophie Mas et. al.)
- Love X Style X Life (Garance Doré)

I Minimalisti

Questo filone impazza ormai da alcuni anni e ha sfornato molteplici libri, che sono un po' uno spin-off dei vari metodi di riordino minimalista stile Marie Kondo.

Ne ho letti diversi perché hanno il potere di rilassarmi e motivarmi al buon senso modaiolo nei (per fortuna sempre più rari) momenti in cui svaligerei i magazzini di Net-à-Porter munita di grossi sacchi Ikea.

- The Curated Closet: A Simple System for Discovering Your Personal Style and Building Your Dream Wardrobe (Anuschka Rees)
- Le lezioni di Madame Chic (Jennifer L. Scott)
- The Happy Closet – Well-Being is Well-Dressed: Declutter Your Wardrobe and Transform Your Mind (Annemarie O' Connor)
- The Tidy Closet: Tips from a French Woman: Easy Steps and Motivation to Declutter Your Closet and Organize Your Wardrobe (Anne-Marie Le Coeur)

I Trendy

Sono i libri che rispecchiano uno stile un po' più trendy o particolare, pur fornendo mille preziosi spunti facili da integrare anche in uno stile più classico.

Non ho letto molti libri in questa categoria, da un lato perché alla mia età viro un pochino più verso lo stile moderno contemporaneo, dall'altro perché la mia mancanza cronica di tempo mi spinge purtroppo verso outfit più o meno rodati, ma i due che elenco li ho trovati davvero belli e interessanti.

Molte delle idee suggerite le seguo istintivamente già da molto tempo, ma comunque mi sono piaciuti molto e consiglio di acquistare la versione cartacea anche a chi, come me, si è ormai votato da anni al Kindle.

- The Cool Factor: A Guide to Achieving Effortless Style, with Secrets from the Women Who Have It (English Edition)
  Senz'altro uno dei migliori che ho letto in assoluto.
- The Way She Wears It: The Ultimate Insider's Guide to Revealing Your Personal Style

Quelli delle Grandi Occasioni

Questi sono i libri dedicati al «come mi vesto» in occasioni particolari, dai matrimoni ai colloqui di lavoro fino alle serate di gala.

Le mie occasioni mondane spaziano perlopiù dal lavorativo-casual allo sportivo-vacanziero passando per il serale-fighetto (nelle altre occasioni più formali o particolari mi arrabatto come meglio posso), per cui ne ho letto solo uno, il primo che segnalo.

- Look book. L'abito giusto per ogni occasione_(Nina Garcia)
- Front Roe: How to Be the Leading Lady in Your Own Life_(Louise Roe)

Gli Esotici

Li ho definiti così perché dedicati a stili di paesi più insoliti che proprio per questo mi affascinano. Non li ho ancora letti, ma mi piacerebbe!

- La berlinese. Guida all'alternative chic (Angelika Taschen)
- Lotta Jansdotter Everyday Style: Key Pieces to Sew + Accessories, Styling & Inspiration (Lotta Jansdotter)
- Dress Scandinavian: Style your Life and Wardrobe the Danish Way

I Sartoriali

In un mondo dominato dalla fast fashion, offrono quanto meno qualche punto di riferimento per non trovarsi immancabilmente con un guardaroba composto letteralmente di stracci.

- In the Dressing Room with Brenda *(Brenda Kinsel)*

I Multimediali

Libro scritto dall'autrice di un blog seguitissimo, Song of Style, offre moltissimi spunti per chi anela al successo sui Social Media proprio grazie al proprio look.

- Capture Your Style: Transform Your Instagram Images, Showcase Your Life, and Build the Ultimate Platform (Aimée Song)

Gli Over

Categoria evitabilissima a mio parere e, in molti casi, vagamente deprimente.

È triste infatti vedersi riproporre la (peraltro fantastica) Iris Apfel ogni due frasi quando si hanno solo 40/50 anni e si è nel fiore degli anni o accorgersi che l'autore dà per scontato che la quarantenne media sia inevitabilmente depressa e sciatta.

Basterebbe guardarsi in giro per capire che la realtà è ben diversa.

Per questo segnalo solo questi due, il primo (che non ho letto) perché mi fido dell'autrice, molto professionale, il secondo perché ce l'ho e lo metterei assolutamente nella Top 3 dei migliori libri di stile per qualsiasi età – ma soprattutto perché è la dimostrazione cartacea che oltre i 40 c'è vita e ci sono anche molte donne splendide e ben vestite.

- 40 Over 40: 40 Things Every Women over 40 Needs to Know About Getting Dressed (Brenda Kinsel)
- The Wardrobe Wakeup: Your Guide to Looking Fabulous at Any Age

Gli Snob

Il primo dell'elenco è uno dei primi libri di stile e bellezza che ho letto. Non per sembrare costosa, ma perché mi è capitato tra le mani in un aeroporto, qualche anno fa.

Molti consigli di stile mi sembrano molto normali e di buon gusto, più che costosi, e sono cose che ho sempre fatto, ma sicuramente è un libro pratico e pieno di suggerimenti intelligenti soprattutto nella sezione beauty.

- How to Look Expensive: A Beauty Editor's Secrets to Getting Gorgeous Without Breaking the Bank
- Chic! Vivere con eleganza ai tempi della crisi (Autrice: Marjorie Hillis) (*un librino retrò di piacevole lettura, più che un libro di stile*)
- French Women Don't Get Facelifts: Aging with Attitude (Autrice: Mireille Guilliano)

Tutti i corsi e i manuali di No Time for Style

Dal lancio di questo libro è trascorso ormai un anno.

Da allora, sono successe molte cose: qualche migliaio di copie vendute, un'esplosione di visite sul blog **No Time for Style,** interviste nei media, un contatto sempre più stretto con le lettrici di questo libro e del blog.

E, soprattutto, una nuova linea di corsi e **manuali digitali da scaricare, consultare online o stampare in bianco e nero e a colori**, nati direttamente dalle richieste e dalle esigenze formulate da voi lettrici.

Per saperne di più o acquistarli, vi invito a consultare **la sezione "Prodotti" del blog No Time for Style:**

Corso pratico di stile e gestione del guardaroba

Come sembrare più magre... e tutti i trucchi per essere in forma davvero

Decluttering per chi ama la moda

Magre in foto e nei selfie

… e un intero arsenale di pratiche guide gratuite

Sul blog No Time for Style avete inoltre accesso gratuitamente a un'intera "**libreria**" di **utili e pratiche guide e altro materiale scaricabile e stampabile** dedicato a vari argomenti di moda, stile, bellezza e wellness.

Per avere accesso al materiale gratuito, **basta andare sul blog No Time for Style e iscriversi alla newsletter**: riceverete subito la vostra password di accesso personalizzata.

I miei negozi online preferiti

Per essere chic spendendo poco o fare acquisti dall'ottimo rapport qualità-prezzo:

- www.asos.it
- www.yoox.it
- www.diffusionetessile.it
- www.zara.it

Per acquistare capi e accessori vintage di lusso:

- www.vestiairecollective.com
- www.rebelle.com

Per rinnovare il guardaroba con pezzi trendy senza spendere una fortuna:

- www.vicicollection.com
- www.asos.it
- www.stradivarius.com

Per accessori, bigiotteria e tanti pezzi unici, artigianali e personalizzati a prezzi interessanti:

- www.etsy.com

E se avete deciso di regalarvi la borsa firmata che desiderate da tanto o quel particolare paio di scarpe di lusso che googlate da mesi, o se semplicemente volete sapere dove comprare l'oggetto firmato, di lusso o di marca al prezzo migliore, vi consiglio assolutamente di fare un giro su questo famosissimo sito di online shopping:

- www.farfetch.it

Basta digitare l'oggetto desiderato e farfetch vi proporrà tutte le offerte dei migliori rivenditori online. Anche confrontare i prezzi diventa facile, così!

Conclusioni

Con questo libro ho cercato di proporre soluzioni a diversi problemi che noi donne, sempre di corsa e nel pieno della vita, affrontiamo quotidianamente nell'esprimerci attraverso il nostro stile e il nostro modo di vestire.

Sono partita dall'organizzazione del guardaroba e dall'approccio allo shopping perché, credetemi, queste due attività sono la chiave di tutto! Il resto viene, più o meno, da sé. Vedrete.

Promesso! Vi cambierà la vita (quella modaiola e non solo).

Ho cercato anche inoltre di rispondere ad alcune delle domande che mi vengono poste più spesso sul blog, su Instagram o nel gruppo Facebook legato a No Time For Style.

Ma la moda e il nostro stile sono in continua evoluzione: cambiano i nostri gusti, le nostre esigenze, il nostro stile di vita.

E poi, stile non è soltanto ciò che indossiamo, ma tanto altro che ci gira attorno.

Per questo motivo oltre un anno fa ho lanciato il mio blog, **No Time For Style**. (www.notimeforstyle.com).

Perciò, se questo libro vi è piaciuto, seguitemi anche lì: troverete idee, spunti, chiacchiere, tante immagini e ispirazioni anche sui viaggi, la bellezza, il benessere e tanto altro.

Vi aspetto!

Copyright

Questo libro contiene materiale protetto da copyright e non può essere copiato, riprodotto, trasferito, distribuito, noleggiato, licenziato o trasmesso in pubblico, o utilizzato in alcun altro modo ad eccezione di quanto è stato specificamente autorizzato dall'autore, ai termini e alle condizioni alle quali è stato acquistato o da quanto esplicitamente previsto dalla legge applicabile.

Qualsiasi distribuzione o fruizione non autorizzata di questo testo così come l'alterazione delle informazioni elettroniche sul regime dei diritti costituisce una violazione dei diritti dell'editore e dell'autore e sarà sanzionata civilmente e penalmente secondo quanto previsto dalla Legge 633/1941 e successive modifiche.

Questo libro non potrà in alcun modo essere oggetto di scambio, commercio, prestito, rivendita, acquisto rateale o altrimenti diffuso senza il preventivo consenso scritto dell'autore. In caso di consenso, tale libro non potrà avere alcuna forma diversa da quella in cui l'opera è stata pubblicata e le condizioni incluse alla presente dovranno essere imposte anche al fruitore successivo.

The Chic Factor di Cristina Nivini
Proprietà letteraria riservata © 2018

Printed in Poland
by Amazon Fulfillment
Poland Sp. z o.o., Wrocław